高职高专计算机任务驱动模式教材

项目驱动式信息系统开发实训教程（PHP+MySQL+jQuery）

林龙健　主　编

清华大学出版社
北京

内容简介

本书以“学生基本信息管理系统”作为项目载体，融入软件工程思想和行业工作过程，综合运用PHP、MySQL、jQuery等知识为读者详细讲授PHP项目开发的全过程。本书的主要内容包括搭建开发环境、分析项目需求、设计数据库、项目界面原型设计、开发系统登录验证模块、开发系统框架模块、开发管理员维护模块、开发学院信息维护模块、开发系部信息维护模块、开发专业信息维护模块、开发班级信息维护模块、开发学生信息维护模块、开发学生信息统计模块、开发退出系统模块、系统测试等。

本书可作为职业院校及应用型本科学校相关专业综合实践的教材，也可作为网站程序员及PHP爱好者的参考用书，还可以作为各类计算机培训班的教材。

图书在版编目(CIP)数据

项目驱动式信息系统开发实训教程：PHP＋MySQL＋jQuery/林龙健主编. —北京：清华大学出版社，2019 (2021.1重印)
(高职高专计算机任务驱动模式教材)
ISBN 978-7-302-52131-0

Ⅰ. ①项… Ⅱ. ①林… Ⅲ. ①信息系统－系统开发－高等职业教育－教材 Ⅳ. ①G202

中国版本图书馆CIP数据核字(2019)第010030号

责任编辑：张龙卿
封面设计：徐日强
责任校对：赵琳爽
责任印制：吴佳雯

出版发行：清华大学出版社
网　址：http://www.tup.com.cn，http://www.wqbook.com
地　址：北京清华大学学研大厦A座　**邮　编**：100084
社 总 机：010-62770175　**邮　购**：010-62786544
投稿与读者服务：010-62776969，c-service@tup.tsinghua.edu.cn
质量反馈：010-62772015，zhiliang@tup.tsinghua.edu.cn
印 装 者：北京鑫海金澳胶印有限公司
经　销：全国新华书店
开　本：185mm×260mm　**印　张**：15　**字　数**：343千字
版　次：2019年2月第1版　**印　次**：2021年1月第2次印刷
定　价：45.00元

产品编号：078369-01

编审委员会

出版说明

我国高职高专教育经过十几年的发展，已经转向深度教学改革阶段。教育部于2012年3月发布了教高〔2012〕第4号文件《关于全面提高高等教育质量的若干意见》，重点建设一批特色高职学校，大力推行工学结合，突出实践能力培养，全面提高高职高专教学质量。

清华大学出版社作为国内大学出版社的领跑者，为了进一步推动高职高专计算机专业教材的建设工作，适应高职高专院校计算机类人才培养的发展趋势，2012年秋季开始了切合新一轮教学改革的教材建设工作。该系列教材一经推出，就得到了很多高职院校的认可和选用，其中部分书籍的销售量超过了三四万册。现根据计算机技术发展及教改的需要，重新组织优秀作者对部分图书进行改版，并增加了一些新的图书品种。

目前，国内高职高专院校计算机相关专业的教材品种繁多，但符合国家计算机技术发展需要的技能型人才培养方案并能够自成体系的教材还不多。

我们组织国内对计算机相关专业人才培养模式有研究并且有过丰富的实践经验的高职高专院校进行了较长时间的研讨和调研，遴选出一批富有工程实践经验和教学经验的"双师型"教师，合力编写了该系列适用于高职高专计算机相关专业的教材。

本系列教材是以任务驱动、案例教学为核心，以项目开发为主线而编写的。我们研究分析了国内外先进职业教育的教改模式、教学方法和教材特色，消化吸收了很多优秀的经验和成果，以培养技术应用型人才为目标，以企业对人才的需要为依据，将基本技能培养和主流技术相结合，保证该系列教材重点突出、主次分明、结构合理、衔接紧凑。其中的每本教材都侧重于培养学生的实战操作能力，使学、思、练相结合，旨在通过项目实践，增强学生的职业能力，并将书本知识转化为专业技能。

一、教材编写思想

本系列教材以案例为中心，以技能培养为目标，围绕开发项目所用到的知识点进行讲解，并附上相关的例题来帮助读者加深理解。

在系列教材中采用了大量的案例，这些案例紧密地结合教材中介绍的各个知识点，内容循序渐进、由浅入深，在整体上体现了内容主导、实例解析、以点带面的特点，配合课程采用以项目设计贯穿教学内容的教学模式。

二、丛书特色

本系列教材体现了工学结合的教改思想，充分结合目前的教改现状，突出项目式教学改革的成果，着重打造立体化精品教材。具体特色包括以下方面。

(1) 参照和吸纳国内外优秀计算机专业教材的编写思想，采用国内一线企业的实际项目或者任务，以保证该系列教材具有更强的实用性，并与理论内容有很强的关联性。

(2) 准确把握高职高专计算机相关专业人才的培养目标和特点。

(3) 每本教材都通过一个个的教学任务或者教学项目来实施教学，强调在做中学、学中做，重点突出技能的培养，并不断拓展学生解决问题的思路和方法，以便培养学生未来在就业岗位上的终身学习能力。

(4) 借鉴或采用项目驱动的教学方法和考核制度，突出计算机技术人才培养的先进性、实践性和应用性。

(5) 以案例为中心，以能力培养为目标，通过实际工作的例子来引入相关概念，尽量符合学生的认知规律。

(6) 为了便于教师授课和学生学习，清华大学出版社网站(www.tup.com.cn)免费提供教材的相关教学资源。

当前，高职高专教育正处于新一轮教学深度改革时期，从专业设置、课程体系建设到教材建设，依然有很多新课题值得我们不断研究。希望各高职高专院校在教学实践中积极提出本系列教材的意见和建议，并及时反馈给我们。清华大学出版社将对已出版的教材不断地进行修订并使之更加完善，以提高教材质量，完善教材服务体系，继续出版更多的高质量教材，从而为我国的职业教育贡献我们的微薄之力。

编审委员会

2017 年 3 月

前言

本书是基于软件开发公司/企业角度，以一套完整的项目为载体，结合软件工程思想和行业工作过程，综合运用 PHP、MySQL、jQuery 等知识为读者讲授系统开发的全过程，虽然本书项目的功能不多，但“五脏俱全”，特别是突出了 jQuery 在项目开发中的经典应用。

本书具有以下特色：

- 项目引领

本书内容以一套完整的项目贯穿始终，并按照软件工程的思想把项目划分为功能模块，在此基础上设计教学内容，让读者在完成项目任务的过程中学习知识与技能。

- 任务驱动

本书内容完全按照行业工作过程来编排，把教学内容形成项目任务，在每个任务中强调知识目标和能力目标（含情感目标），并图文并茂地展现设计开发过程，同时在每个项目任务实施前，引入完成该任务所需要掌握的知识，体现职业教育中“实用、够用”的原则。

- 融入教学方法和编者经验

本书在编写上融入教学方法，可以轻松开展项目教学法、任务驱动教学法、小组教学法、角色扮演法等，在每个项目任务实施后，分享编者多年开发经验，让读者更直接地了解在开发过程中需要注意的细节及技巧。

- 综合实用性强

本书与其他同类书籍相比，综合应用的范围更广，不仅体现了 PHP、MySQL、jQuery 及 JavaScript 的应用，其中还融入了软件工程、软件测试等知识，项目实现的过程也体现了行业工作过程，实用性非常强。

编写本书的宗旨是：把经验传递给有梦想的人。

本书将提供相关的教材素材（项目素材、教学设计、PPT、任务书等），请联系编者，邮箱为 dreammymavy@163. com。

本书编者水平有限，书中难免存在不足之处，敬请广大读者批评指正。

编　者

2019 年 1 月

目录

项目任务 1　搭建项目开发环境

知识目标

(1) 了解 PHP 运行环境。

(2) 了解常用的 PHP 代码编辑工具。

(3) 了解常用的 PHP 集成开发环境。

(4) 了解 PHP 程序的运行原理。

(5) 熟悉 PHP 集成开发环境 phpStudy 2018 的安装步骤并掌握其使用方法。

能力目标

(1) 能够熟练搭建 PHP 项目开发环境。

(2) 能够配置和管理 Apache 服务器端口、虚拟目录和虚拟主机。

(3) 培养知识技能的迁移能力。

任务描述

本项目任务是使用集成开发环境 phpStudy 2018 和 PHP 代码编辑工具搭建 PHP 项目开发环境。

1.1　知 识 准 备

1.1.1　PHP 运行环境

俗话说“工欲善其事，必先利其器”。在开发 PHP 项目之前，首先需要在系统中搭建项目的开发环境。PHP 项目运行过程中涉及 3 个重要的组件——PHP、Apache 和 MySQL。PHP 运行环境的安装方式有自定义安装和集成安装两种，其中自定义安装需逐个安装并配置上述 3 个组件；而集成安装非常简单，只需下载 PHP 集成开发环境并安装即可。后面会对常见的 PHP 集成开发环境进行简要的介绍。

1. PHP 简介

PHP 是 Hypertext Preprocessor(超文本预处理器)的缩写，它是一种通用开源脚本语言，主要用于开发动态网站及服务器应用程序，它是由 Rasmus Lerdor 在 1949 年创建。

PHP经过多次的重新编写与改进，发展非常迅猛，目前最新的版本为 PHP 7，它与 Linux、Apache 和 MySQL 共同构成了强大的 Web 应用程序平台。在服务器端 Web 程序开发语言方面，PHP 是目前最受欢迎的语言之一，国内有许多大型的知名网站都选择 PHP 作为主要的开发语言。与其他语言相比，它具有以下几个方面的优势。

- 完全开源，所有的 PHP 源代码都可以免费得到。
- 具有良好的跨平台性，支持 Windows、Linux 等多种操作系统。
- 支持面向过程和面向对象编辑方式。
- 支持各种主流的数据库，如 MySQL、SQL Server、Oracle 等。
- 易学易用，实用性强，程序的开发效率高。

2. Apache 简介

Apache HTTP Server(简称 Apache)是 Apache 软件基金会的一款开放源代码的网页服务器，它可在大部分的系统上运行，由于其具有良好的跨平台性和安全性而被广泛使用，是目前最流行的 Web 服务器端软件之一。与一般的 Web 服务器相比，Apache 具有如下特点。

- 跨平台应用。几乎可以运行在所有的计算机平台上。
- 开放源代码。Apache 服务程序由全世界众多开发者共同维护，并且任何人都可以自由使用，充分体现了开源软件的精神。
- 支持 HTTP 1.1 协议。Apache 是最先使用 HTTP 1.1 协议的 Web 服务器之一，它完全兼容 HTTP 1.1 协议并与 HTTP 1.0 协议向后兼容。
- 支持通用网关接口(CGI)。Apache 遵守 CGI/1.1 标准并且提供了扩充的特征。
- 支持常见的网页编程语言。比如支持 Perl、PHP、Python、Java 等，使 Apache 的应用领域更加广泛。
- 模块化设计。通过标准的模块实现专有的功能，提高了项目开发的效率。
- 运行稳定。同时具有良好的安全性。

3. MySQL 简介

MySQL 是一个关系型数据库管理系统，由瑞典 MySQL AB 公司开发，目前属于 Oracle 旗下产品，MySQL 是最流行的关系型数据库管理系统之一。

1.1.2 PHP 代码编辑工具

PHP 代码编辑工具非常多，常用的有 PhpStorm、SublimeText、Notepad＋＋、Zend Studio、Dreamweaver、vim 等。

1. PhpStorm 简介

PhpStorm 是一个轻量级且便捷的 PHP 集成开发环境，其旨在提高开发效率，可深刻理解用户的编码。它提供智能代码补全，快速导航以及即时错误检查等功能，使用

PhpStorm 开发 PHP 项目可以说是“神器”，但它的不足之处是占用系统的内存较大。

2. SublimeText 简介

SublimeText 是一款流行的跨平台的代码编辑器。它具有占用系统内存小、用户界面简约美观、功能齐全等优点，它的主要功能包括拼写检查、书签、完整的 Python API、Goto 功能、即时项目切换、多选择、多窗口等。

3. Notepad＋＋简介

Notepad＋＋是在微软 Windows 环境下的一款免费的代码编辑器，它不仅轻巧、占用系统资源少，而且执行效率高，它内置支持多达 27 种语法高亮度显示，支持自定义语言等，可以完美地取代微软 Windows 下的记事本。

4. Zend Studio 简介

Zend Studio 是一个屡获大奖的专业 PHP 集成开发环境，具备功能强大的专业编辑工具和调试工具，支持 PHP 语法加亮显示、语法自动填充、书签、语法自动缩排、代码复制等功能，还内置了强大的 PHP 代码调试工具，支持本地和远程两种调试模式，支持多种高级调试功能。

总之，PHP 代码编辑工具很多，每个工具各有优劣，读者可以根据个人喜好选择编辑工具，适合自己的才是最好的。

1.1.3 PHP 集成开发环境

目前，主流的 PHP 集成开发环境安装软件主要有 phpStudy、WampServer、XAMPP 等。

1. phpStudy 简介

在众多的 PHP 集成开发环境包中，使用 phpStudy 集成开发环境包的用户人数最多，因为 phpStudy 集成了最新的 Apache＋Nginx＋LightTPD＋PHP＋MySQL＋phpMyAdmin＋Zend Optimizer＋Zend Loader，且一次性安装，无须配置即可使用，非常方便、好用。该程序绿色小巧、简易迷你，还有专门的控制面板，它支持 Apache、IIS、Nginx 和 LightTPD，全面支持 Windows 2000/XP/2003/Windows 7/Windows 8/Windows 2008/Windows 10 等操作系统。

2. WampServer 简介

Wamp 就是 Windows、Apache、MySQL、PHP 集成安装环境的缩写，即在 Windows 下的 Apache、PHP 和 MySQL 的服务器软件，因该集成开发环境易用实用，所以使用非常广泛。

3. XAMPP 简介

XAMPP 是整合型的 Apache 套件，包括 Apache、MySQL、PHP 和 PERL，该集成开发环境包直接解压缩就可以使用，没有复杂的安装过程，使用非常方便。

1.1.4 PHP 程序运行原理

PHP 的所有应用程序都是通过 Web 服务器(如 Apache 等)和 PHP 引擎程序解释执行完成的，它的工作原理如图 1-1 所示。

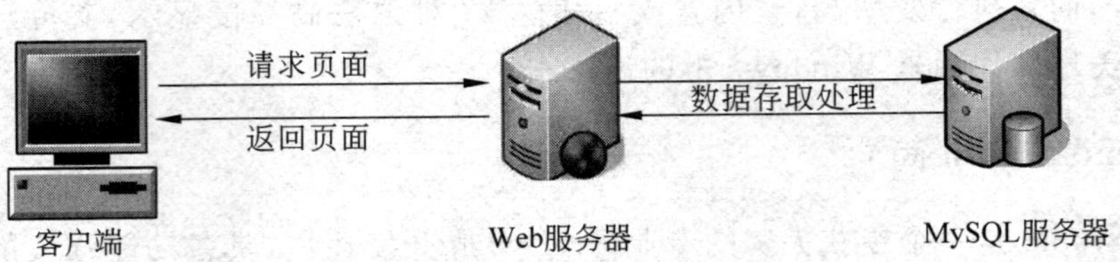

图 1-1 PHP 程序运行原理

第一步，当用户在浏览器地址中输入要访问的 PHP 页面文件后，浏览器向 Web 服务器发送请求信息。

第二步，Web 服务器接受这个请求，从存储器中取出用户要访问的 PHP 页面文件，并将其发送给 PHP 引擎程序。

第三步，PHP 引擎程序将会对 Web 服务器传送过来的文件从头到尾进行扫描，根据命令处理 MySQL 数据库服务器上的数据，并动态地生成相应的 HTML 页面。

第四步，PHP 引擎将生成的 HTML 页面返回给 Web 服务器，Web 服务器再将 HTML 页面返回给客户端浏览器。

1.2 任务实施

1.2.1 安装 PHP 代码编辑工具

请读者自行在互联网上下载上述其中一款代码编辑工具并安装，本书不做操作演示。

1.2.2 安装运行环境

本书以集成开发环境 phpStudy 2018 为例演示其安装过程。

步骤 1：访问 phpStudy 官网(http://www.phpStudy.net/)并下载 phpStudy 2018。

步骤 2：下载完成后得到 1 个压缩包 phpStudySetup2018.zip，将其解压后得到 1 个文件类型为 exe 的安装文件 phpStudySetup.exe。

步骤 3：双击安装文件后，将会弹出“phpStudy 自动解压包”窗口，接着选择安装路径（默认的路径为 C：\phpStudy，读者也可以根据实际情况选择其他路径），在选择路径时须注意，路径中不能含有中文和空格。路径选择好后，单击“是”按钮进行解压安装，如图 1-2 和图 1-3 所示。

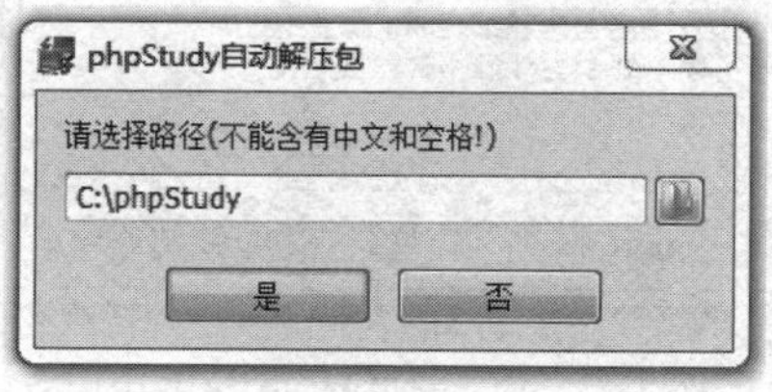

图 1-2　选择安装路径

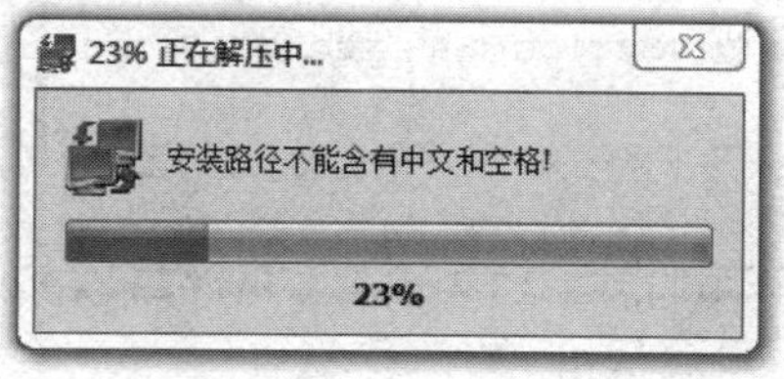

图 1-3　正在解压中

步骤 4：解压完成后，程序会进行更新自检，此时会弹出如图 1-4 所示的窗口，单击“更新到最新版本”按钮可以更新到最新版本；如果不更新到最新版本，直接单击“跳过”按钮即可。

图 1-4　phpStudy 版本更新

步骤 5：执行完步骤 4 后，若系统没安装 VC11 运行库，将会弹出“提示信息！”窗口，如图 1-5 所示，此时单击“确定”按钮，后续再安装 VC11 运行库。

步骤 6：Apache 默认的端口号为 80。如果本机的 80 端口被其他程序占用，将会弹出端口被占用的“提示”窗口，如图 1-6 所示，此时可以单击“忽略”按钮，后续再更改端口号。

步骤 7：进入 phpStudy 主界面，如果 Apache 和 MySQL 运行状态图标为绿色实心圆形图标，说明 Apache 和 MySQL 服务器已正常运行，如图 1-7 所示；如果运行状态图标为红色正方形图标，如图 1-8 所示，说明 Apache 和 MySQL 服务器未能正常运行，此时可单击“重启”按钮。若仍未能解决，可能 Apache 端口已被系统的其他程序占用，此时需要更改相应端口号。

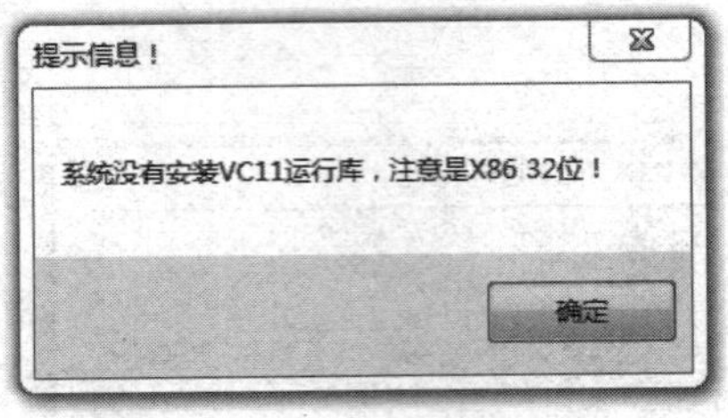

图 1-5　提示信息

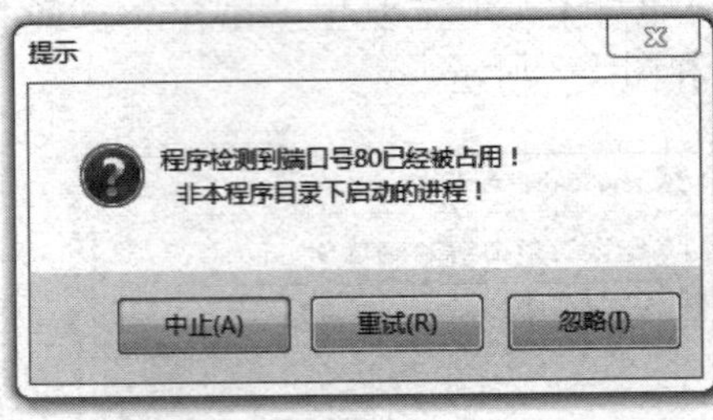

图 1-6　提示端口号 80 被占用

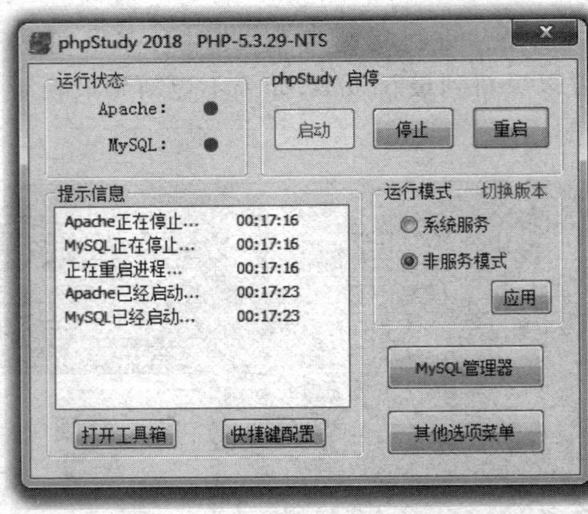

图 1-7　Apache 和 MySQL 正常运行

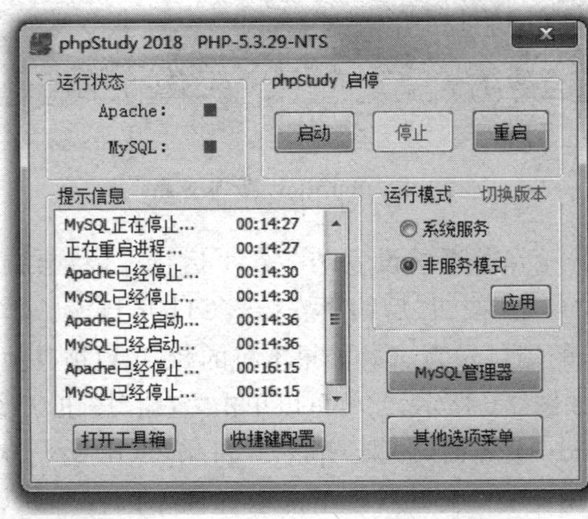

图 1-8　Apache 和 MySQL 未正常运行

步骤 8：Apache 和 MySQL 服务器正常运行后，单击“其他选项菜单”按钮，在弹出的列表项中单击 My HomePage 选项，如图 1-9 所示，此时将会自动启动浏览器并打开 Apache 根目录(即目录“phpStudy/www/”)下的 index. php 页面，当看到如图 1-10 所示的页面效果时，说明服务器已能正常运行 PHP 文件。

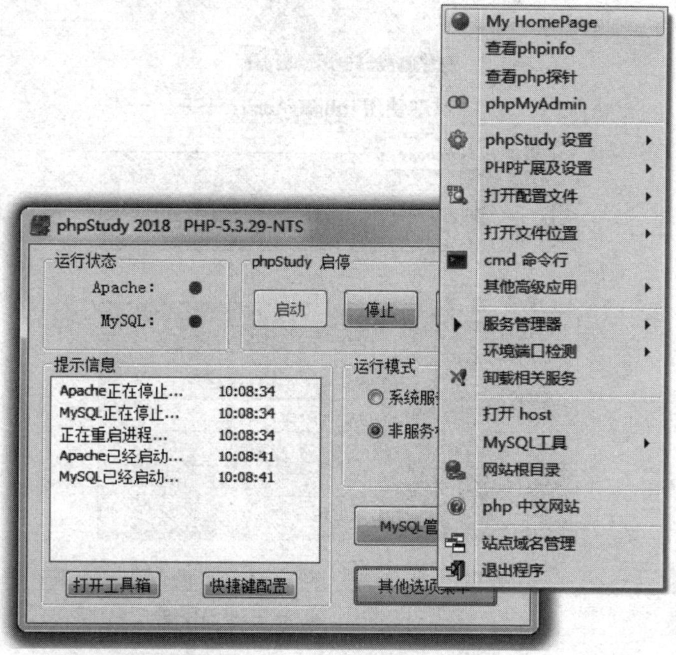

图 1-9　浏览根目录 index. php 页面的操作

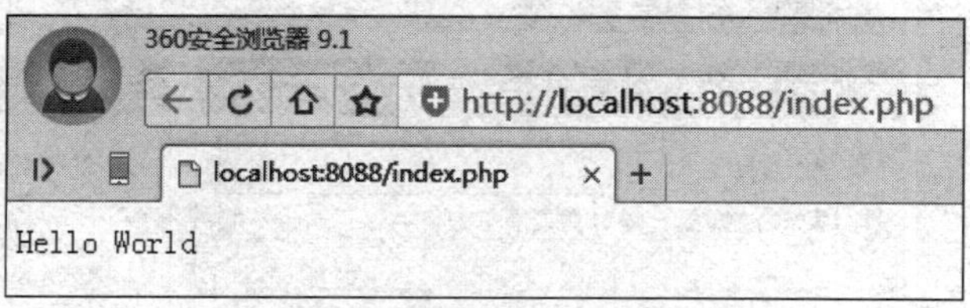

图 1-10　根目录 index. php 的页面效果

步骤 9：该集成开发环境集成了第三方 MySQL 数据库管理工具 phpMyAdmin，在图 1-9 的界面上单击 phpMyAdmin 选项后，浏览器会打开 phpMyAdmin 工具登录入口，如图 1-11 所示，在用户名文本框中输入 root，在密码文本框中输入 root，单击“执行”按钮进入 phpMyAdmin 主界面，如图 1-12 所示，此时就可以通过 phpMyAdmin 工具进行数据库的各项操作了。

通过以上的操作，项目开发环境的搭建就完成了，此时可以在 Apache 根目录下部署学生基本信息管理系统的项目。

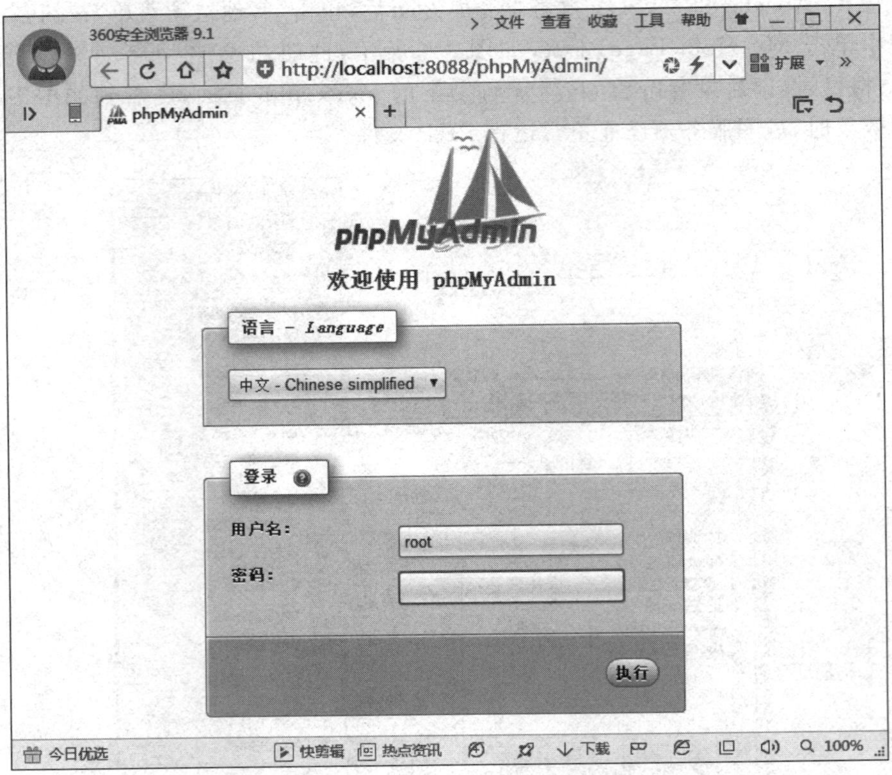

图 1-11 phpMyAdmin 数据库管理工具入口

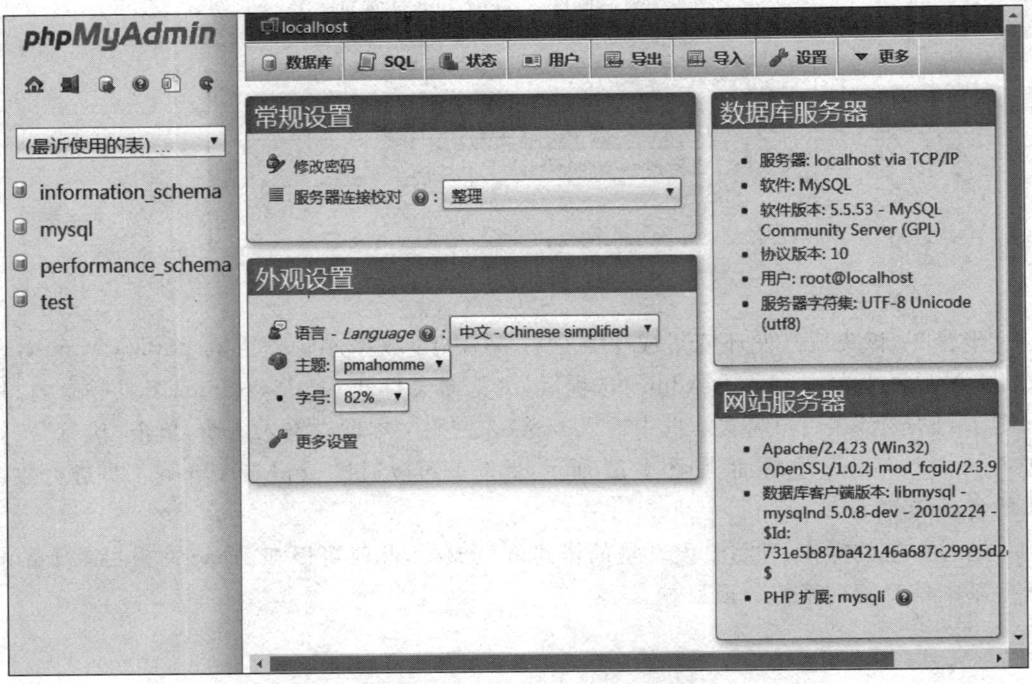

图 1-12 phpMyAdmin 工具主界面

1.3　经验传递

（1）推荐使用 phpStudy 集成开发环境搭建项目运行环境，在安装中过程中，在选择自动解压包的路径时，建议选择安装到 U 盘，这样 U 盘就变成了一个“移动式”PHP 集成开发环境了，以后使用非常方便，只需把 U 盘插入计算机就可以使用了。强烈建议在校学生使用该种方式。

（2）若 phpStudy 启动失败，原因可能是：一是防火墙拦截；二是端口号 80 已经被其他程序占用；三是没有安装 VC 运行库。

（3）PHP 和 Apache 是需要 VC 运行库编译的，如果在使用过程中提示缺少 VC 运行库，应根据提示的版本进行下载安装，PHP 5.3、5.4 和 Apache 都是用 VC9 编译的，PHP 5.5、5.6 则需用 VC11 编译，而 PHP 7.0、7.1 需用 VC14 编译。

1.4　知识拓展

1.4.1　通过配置文件 httpd.conf 管理与配置 Apache 端口

提示：该部分内容请扫描二维码查看。

1.4.2　配置 Apache 虚拟主机并通过不同端口来访问不同网站

提示：该部分内容请扫描二维码查看。

项目任务2　分析项目需求

知识目标

(1) 了解功能结构图的定义及作用。

(2) 掌握功能结构图的画法。

(3) 了解用例图的定义及作用。

(4) 掌握用例图的元素及用例之间的关系。

(5) 掌握用例图的画法。

能力目标

(1) 能够分析网站项目的功能结构。

(2) 能够对网站项目进行用例分析。

(3) 能够根据网站项目功能分析和用例分析,画出相应的功能结构图和用例图。

任务描述

本项目任务是根据项目的描述,从功能结构和用例模型对学生基本信息管理系统进行分析,从而明确该项目的功能结构与用例模型,真正掌握项目需求,为项目后续功能的开发奠定良好的基础。

2.1　知识准备

2.1.1　功能结构图

1. 功能结构图的定义

功能结构图是对硬件、软件、解决方案等进行解剖,详细描述功能列表的结构、构成等而描绘或画出来的结构图。从概念上讲,上层功能包括(或控制)下层功能,越上层功能越笼统,越下层功能越具体。功能分解的过程就是一个由抽象到具体、由复杂到简单的过程。如某美容美发会员管理系统功能结构图如图2-1所示。

2. 功能结构图的设计

功能结构的建立是设计者的设计思维由发散趋向于收敛、由理性化变为感性化的过

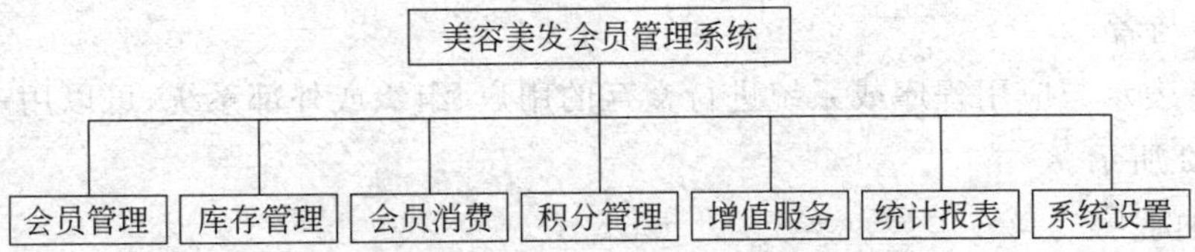

图 2-1 某美容美发会员管理系统功能结构图

程。它是在设计空间内对不完全确定设计问题或相当模糊设计要求的一种较为简洁和明确的表示，它以图框形式简单地表示系统间输入与输出的相互关系，是概念设计的关键环节。

功能结构图设计过程就是把一个复杂的系统分解为多个功能较单一的过程。而这种分解为多个功能较单一的模块的方法称作模块化。模块化是一种重要的设计思想，这种思想把一个复杂的系统分解为一些规模较小、功能较简单、更易于建立和修改的部分，一方面，各个模块具有相对独立性，可以分别加以设计实现；另一方面，模块之间的相互关系（如信息交换、调用关系），则通过一定的方式予以说明，各模块在这些关系的约束下共同构成统一的整体，完成系统的各项功能。

3. 功能结构图的作用

功能结构图主要是为了更加明确地体现内部组织关系，更加清晰地厘清内部逻辑关系，做到一目了然地规范各自的功能部分，并使之条理化。

4. 功能结构图的应用范围

功能结构图多应用于程序开发、工程项目施工、组织结构分析、网站设计等模块化场景。

5. 绘制功能结构图工具

绘制功能结构图的工具非常多，例如 Photoshop、Fireworks、Word 2010、Microsoft Visio 等。

2.1.2 用例图

用例图主要用来描述用户、需求、系统功能单元之间的关系，它展示了一个外部用户能够观察到的系统功能模型，它的主要作用是帮助开发团队以一种可视化的方式理解系统的功能需求。

1. 用例图包括的内容

用例图包括参与者（Actor）、用例（Use Case）、子系统（Subsystem）、关系（Relation）等元素。

(1) 参与者

参与者表示与应用程序或系统进行交互的用户、组织或外部系统,可以用一个小人表示,如图 2-2 所示。

(2) 用例

用例是对包括变量在内的一组动作序列的描述。系统执行这些动作,并产生传递特定参与者价值的可观察结果。对于用例的命名,可以给用例起一个简单、描述性的名称,一般为带有动作性的词,用例在画图中用椭圆来表示,椭圆里面附上用例的名称,如图 2-3 所示。

图 2-2 参与者

图 2-3 用例

(3) 子系统

子系统用来展示系统的一部分功能,这部分功能联系紧密。以下是学籍管理系统的学生信息管理子系统用例,如图 2-4 所示。

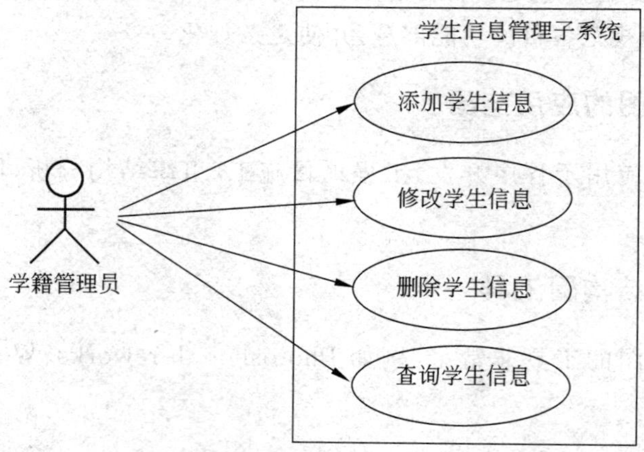

图 2-4 学籍管理系统的学生信息管理子系统用例

(4) 关系

用例图中涉及的关系有关联、泛化、包含、扩展,具体见表 2-1。

表 2-1 用例关系表

关系类型	说 明	表示符号
关联	参与者与用例之间的关系	
泛化	参与者之间或用例之间的关系	

续表

关系类型	说　　明	表示符号
包含	用例之间的关系	<<Include>> ┈┈┈>
扩展	用例之间的关系	<<Extend>> ┈┈┈>

① 关联(Association)：表示参与者与用例之间的通信，任何一方都可发送或接收消息。箭头指向消息接收方。

箭头指向：指向父用例，如图 2-5 所示。

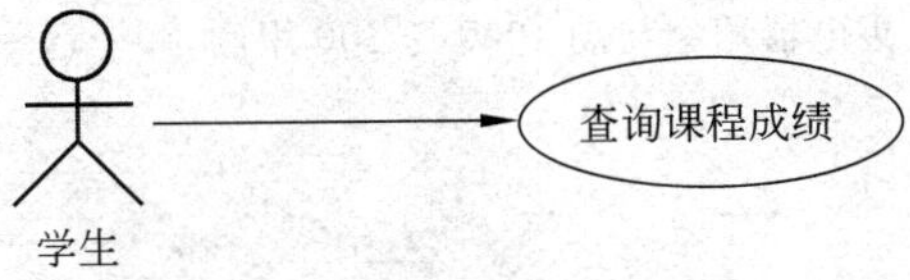

图 2-5　学生与查询课程成绩用例的关联关系

② 泛化(Inheritance)：就是通常理解的继承关系。子用例和父用例相似，但表现出更特别的行为，子用例将继承父用例的所有结构、行为和关系。

箭头指向：指向父用例，如图 2-6 所示。

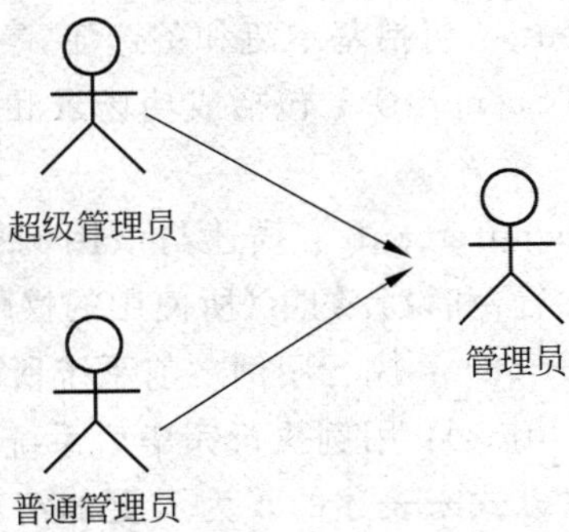

图 2-6　管理员与超级管理员、普通管理员的泛化关系

③ 包含(Include)：包含关系用来把一个较复杂用例所表示的功能分解成较小的步骤。

箭头指向：指向分解出来的功能用例，如图 2-7 所示。

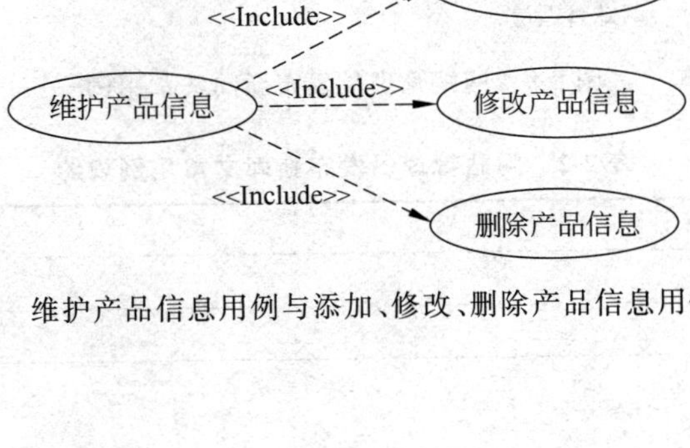

图 2-7　维护产品信息用例与添加、修改、删除产品信息用例关系

④ 扩展(Extend)：扩展关系是指用例功能的延伸，相当于为基础用例提供一个附加功能。

箭头指向：指向基础用例，如图 2-8 所示。

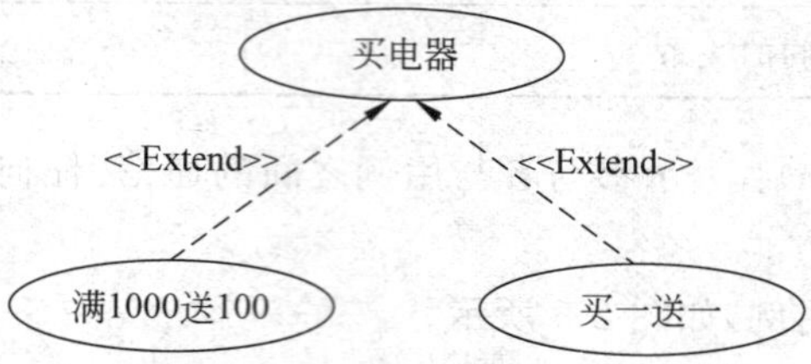

图 2-8　买电器用例与满 1000 送 100 用例、买一送一用例关系

2. 用例规约

用例图在总体上大致描述了系统所能提供的各种服务，让人对系统的功能有一个总体的认识。除此之外，还需要描述每一个用例的详细信息，这些信息包含在用例规约中。用例模型是由用例图和每一个用例的详细描述——用例规约所组成的。通常用例规约包含以下内容。

(1) 简要说明 (Brief Description)：简要介绍该用例的作用和目的。

(2) 事件流 (Flow of Event)：包括基本流和备选流，事件流应该表示出所有的场景。

(3) 用例场景 (Use-Case Scenario)：包括成功场景和失败场景，场景主要是由基本流和备选流组合而成的。

(4) 特殊需求 (Special Requirement)：描述与该用例相关的非功能性需求(包括性能、可靠性、可用性和可扩展性等)和设计约束(所使用的操作系统、开发工具等)。

(5) 前置条件 (Pre-Condition)：执行用例之前系统所处的状态。

(6) 后置条件 (Post-Condition)：用例执行完毕后系统可能处于的一种状态。

用例规约基本上是用文本方式来表述的。为了更加清晰地描述事件流，也可以选择使用状态图、活动图或序列图来辅助说明。只要有助于表达简洁明了，就可以在用例中任意粘贴用户界面和流程的图形化显示方式，或是其他图形。

以下为某网站管理员发布新闻文章的用例，如图 2-9 所示；描述用例的规约见表 2-2。

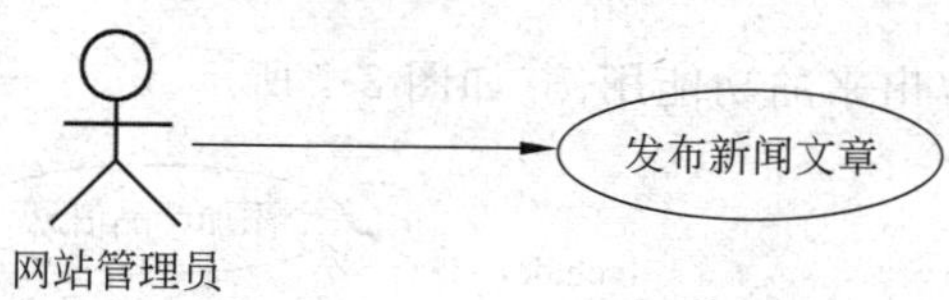

图 2-9　网站管理员发布新闻文章用例

表 2-2　网站管理员发布新闻文章用例规约

用例名称：发布新闻文章
用例标识号：2-11
参与者：网站管理员

续表

简要说明： 网站管理人进行新闻文章发布页面，编辑好信息后发布，新闻标题将显示在网站前台新闻动态列表上
前置条件：网站管理员登录网站后台
基本事件流： (1) 网站管理员单击后台左侧“发布文章”子菜单。 (2) 网站后台右侧出现新闻信息编辑框。 (3) 文章信息编辑完成后，单击“发布”按钮，文章发布完成。 (4) 用例终止
其他事件流： 在单击“发布”按钮之前，网站管理员可以单击“返回”按钮，将返回到原来页面的状态
异常事件流： (1) 提示错误信息，网站管理员确认。 (2) 返回到网站后台的主界面
后置条件： 文章信息在网站上成功发布
注释：无

3. 绘制用例图的工具

为了方便地将用户行为、多系统协作、功能性需求等用图示展现出来，带有用例图的产品需求说明书可以使开发人员更容易理解，既提高工作效率，又减少了沟通成本，因此，作为项目设计人员或开发人员，熟练掌握一个用例设计工具是非常有必要的，常用的工具有 Rational Rose、StarUML 等。

(1) Rational Rose 简介

Rational Rose 是 IBM 公司出品的一种面向对象的统一建模语言的可视化建模工具。用于可视化建模和公司级水平软件应用的组件构造。确切地说是面向对象的建模工具。通过 Rational Rose，可以清晰地把一些烦琐的业务实现原理、对象协调流程通过图示表达出来。Rational Rose 提供了用例图、类图、序列图、状态图、活动图、组件图、部署图等。

(2) StarUML 简介

StarUML 是一款开放源码的 UML 开发工具，是由韩国公司主导开发出来的产品，利用这款工具可以绘制用例图、类图、序列图、状态图、活动图、通信图、模块图、部署图、复合结构图等 9 款 UML 图，绘制完成后可导出 JPG、JPEG、BMP、EMF 和 WMF 等格式的图片文件，使用非常方便。

2.2 任务实施

2.2.1 从功能结构角度分析

根据项目描述,学生基本信息管理系统包括的功能模块有系统登录验证模块、管理员信息维护模块、学院信息维护模块、系部信息维护模块、专业信息维护模块、班级信息维护模块、学生信息维护模块、学生信息统计模块、退出系统模块等,每个模块的功能描述见表 2-3,学生基本信息管理系统功能结构图如图 2-10 所示。

表 2-3 学生基本信息管理系统功能描述表

模块名称	功能描述
系统登录验证模块	用于管理员登录学生基本信息系统
管理员信息维护模块	用于维护系统管理员信息,包括对管理员信息的添加、修改、删除等操作
学院信息维护模块	用于维护学院信息,包括对学院信息的添加、修改、删除等操作
系部信息维护模块	用于维护系部信息,包括对系部信息的添加、修改、删除等操作
专业信息维护模块	用于维护专业信息,包括对专业信息的添加、修改、删除等操作
班级信息维护模块	用于维护班级信息,包括对班级信息的添加、修改、删除等操作
学生信息维护模块	用于维护学生的基本信息,包括对学生信息的添加、修改、删除等操作
学生信息统计模块	用于统计学生信息,包括学校招生走势图、二级学院招生情况和生源分布情况
退出系统模块	退出系统

2.2.2 从用例角度分析

系统管理员成功登录系统后,可以维护管理员信息、维护学院信息、维护系部信息、维护专业信息、维护班级信息、维护学生信息、统计学生信息、退出系统。为了更清晰地描述参与者与系统需求、系统功能单元之间的关系,形成学生基本信息管理系统全局用例图,如图 2-11 所示。

用例图设计出来后,通常还会使用用例规约来对用例做进一步补充说明,以下为学生基本信息管理系统各用例的用例规约。

1. 系统管理员登录系统用例规约

(略)

2. 维护管理员信息用例规约

维护管理员信息用例由添加管理员用例、修改管理员用例、删除管理员用例等 3 个子用例组成。

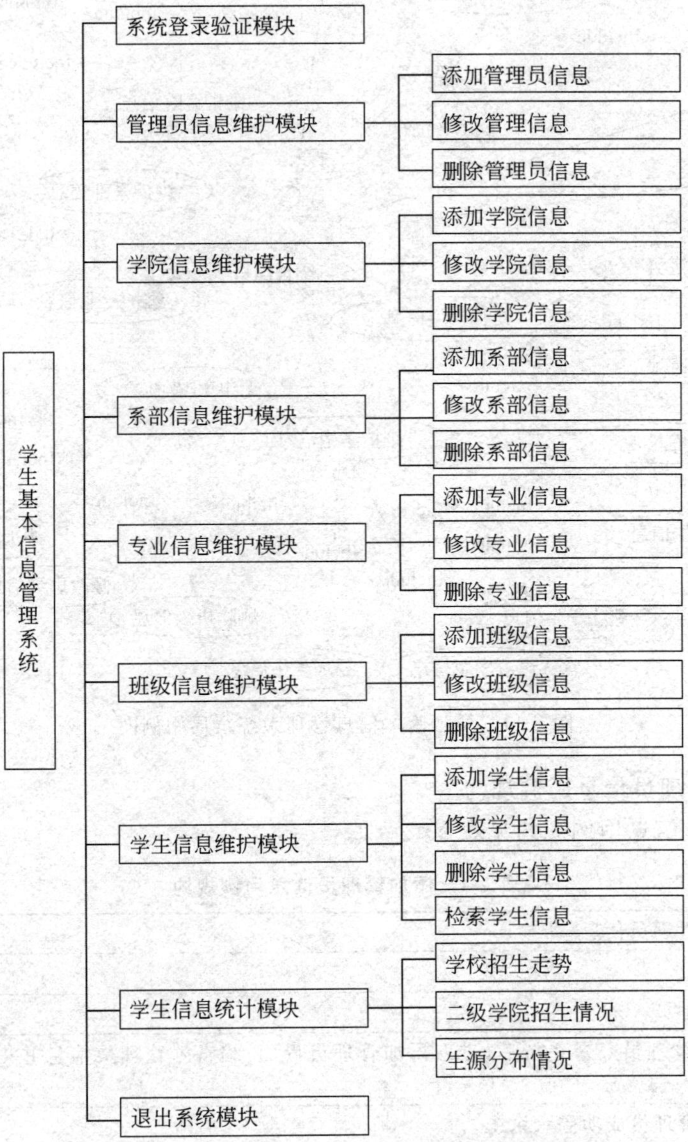

图 2-10　学生基本信息管理系统的功能结构图

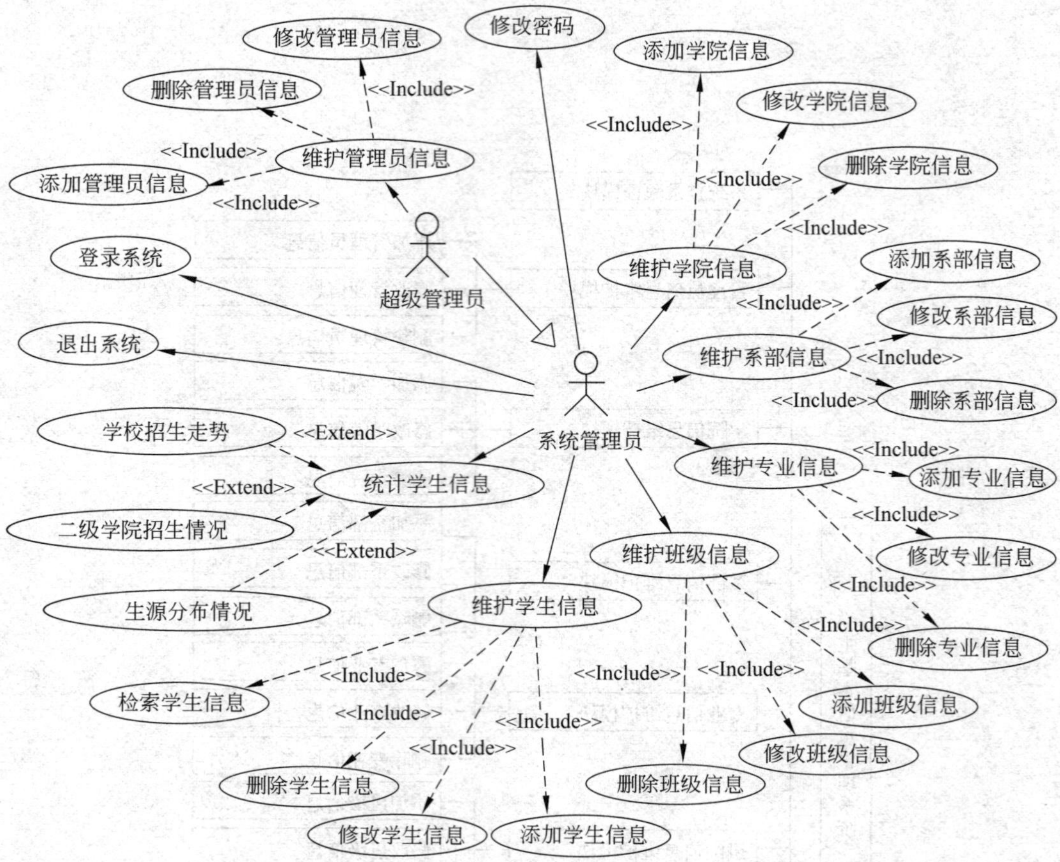

图 2-11　学生基本信息管理系统全局用例图

(1) 添加管理员信息用例规约

添加管理员信息用例规约见表 2-4。

表 2-4　添加管理员信息用例规约

用例名称：添加管理员信息
用例标识号：U002
参与者：超级管理员
简要说明：超级管理员登录系统后，进入添加管理员界面，编辑好管理员信息并提交，实现新增管理员
前置条件：超级管理员成功登录系统
基本事件流： (1) 超级管理员打开添加管理员界面。 (2) 超级管理员输入账号和密码并提交。 (3) 系统将管理员信息写入系统数据库
其他事件流： (1) 若提交的数据未通过数据有效性验证，则提示信息。 (2) 若系统已存在该管理员账号，则提示信息

续表

异常事件流：管理员信息写入失败，并提示失败相关信息
后置条件：成功添加管理员信息
注释：无

(2) 修改管理员信息用例规约

修改管理员信息用例规约见表 2-5。

表 2-5 修改管理员信息用例规约

用例名称：修改管理员信息
用例标识号：U003
参与者：超级管理员
简要说明：超级管理员登录系统后，编辑好要修改的管理员信息并提交，实现修改管理员信息的操作
前置条件：超级管理员成功登录系统
基本事件流： (1) 超级管理员打开管理员列表页。 (2) 起级管理员进入管理员信息编辑页面并修改信息。 (3) 超级管理员提交修改信息
其他事件流：提交的数据未通过数据有效性验证，则提示信息
异常事件流：系统执行修改操作失败，提示相关错误信息。
后置条件：超级管理员成功修改管理员信息。
注释：无

(3) 删除管理员信息用例规约

删除管理员信息用例规约见表 2-6。

表 2-6 删除管理员信息用例规约

用例名称：删除管理员信息
用例标识号：U004
参与者：超级管理员
简要说明：超级管理员登录系统后删除管理员信息
前置条件：超级管理员成功登录系统
基本事件流： (1) 超级管理员打开管理员信息列表页。 (2) 超级管理员进行删除操作。 (3) 超级管理员在弹出的对话框中再次确认删除信息操作
其他事件流：在弹出的对话框中取消删除操作
异常事件流：系统执行删除操作失败，提示相关错误信息
后置条件：超级管理员成功删除管理员信息
注释：无

3. 维护学院信息用例规约

(略)

4. 维护系部信息用例规约

(略)

5. 维护专业信息用例规约

(略)

6. 维护班级信息用例规约

(略)

7. 维护学生信息用例规约

(略)

8. 维护学生信息统计用例规约

(略)

9. 退出系统用例规约

(略)

2.2.3 撰写需求说明书

从软件工程的角度,需求说明书是需求分析阶段的结果,因为本书项目的需求说明书篇幅较大,所以不在本书上体现,以下仅提供学生基本信息管理系统需求说明书的目录作为参考。

1. 引言
1.1 编写目的
1.2 业务背景
1.3 项目目标
1.4 参考资料
1.5 名词定义
2. 整体概述
2.1 整体功能分析
2.2 整体流程分析
2.3 整体用例分析

3. 功能需求

3.1 登录验证

3.2 维护管理员信息

3.3 维护学院信息

3.4 维护系部信息

3.5 维护专业信息

3.6 维护班级信息

3.7 维护学生信息

3.8 学生信息统计

3.9 退出系统

4. 非功能需求

4.1 用户界面需求

4.2 软硬件环境需求

4.3 其他需求

5. 验证及确认(双方需签字确认)

2.3 经验传递

(1) 在做需求分析时,根据客户对网站知识了解程度采取相应的沟通方式。

(2) 与客户沟通过程中,详细记录客户的描述,并进行分析总结,最后需与客户确认需求分析结果。

(3) 如果是一个较大的网站项目,相关人员如网页设计师(美工)、网站程序员等都应参与需求分析。

2.4 知识拓展

2.4.1 UML 概述

提示:该部分内容请扫描二维码查看。

2.4.2 活动图

提示：该部分内容请扫描二维码查看。

2.4.3 时序图、类图、状态图、组件图和部署图

提示：该部分内容请扫描二维码查看。

项目任务 3 设计数据库

知识目标

(1) 了解 E-R 图的定义和 E-R 方法。

(2) 了解 E-R 图的构成要素。

(3) 掌握数据逻辑模型知识及 E-R 图的作图。

(4) 掌握数据表设计。

(5) 掌握创建数据库的基本知识。

能力目标

(1) 能够使用 E-R 方法分析系统的概念模型。

(2) 能够根据系统业务逻辑分析系统的数据逻辑结构。

(3) 能够根据系统数据逻辑结构设计数据表并在数据库服务器上实施。

(4) 培养学生良好的逻辑思维能力。

任务描述

本项目任务主要是根据用户的功能需求,采用 E-R 方法分析学生基本信息管理系统的数据逻辑结构并形成数据表,最后在 MySQL 数据库服务器上实施。

3.1 知识准备

1. E-R 图定义

E-R 图也称实体—联系图(Entity Relationship Diagram),提供了表示实体类型、属性和联系的方法,用来描述现实世界的概念模型。

2. E-R 方法

E-R 方法是实体—联系方法(Entity-Relationship Approach)的简称,它是描述现实世界概念结构模型的有效方法,是表示概念模型的一种方式,用矩形表示实体型,矩形框内写明实体名;用椭圆表示实体的属性,并用无向边将其与相应的实体型连接起来;用菱形表示实体型之间的联系,在菱形框内写明联系名,并用无向边分别与有关实体型连接起来，同时在无向边旁标上联系的类型(1∶1、1∶n或m∶n)。

3. E-R构成要素

构成E-R图的基本要素是实体、属性和联系，其表示方法如下。

(1) 实体(Entity)

一般认为，客观上可以相互区分的事物就是实体，实体可以是具体的人和物，也可以是抽象的概念与联系。具有相同属性的实体有相同的特征和性质，用实体名及其属性名集合来抽象和刻画同类实体，在E-R图中用矩形表示，矩形框内写明实体名，例如顾客和商品都是实体，顾客与商品存在购买的关系，如图3-1所示。

(2) 属性(Attribute)

属性是指实体所具有的某一特性，一个实体可由若干个属性来刻画。在E-R图中用椭圆形表示，并用无向边将其与相应的实体连接起来，例如姓名、学号、性别都是学生的属性，如图3-2所示。

图3-1 顾客与商品的E-R关系

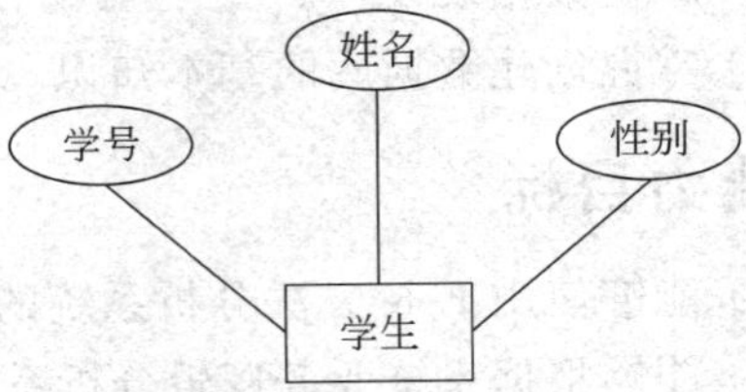

图3-2 学生实体属性

(3) 联系(Relationship)

联系也称关系，用于在信息世界中反映实体内部或实体之间的联系。实体内部的联系通常是指组成实体的各属性之间的联系；实体之间的联系通常是指不同实体集之间的联系。比如老师给学生授课存在授课关系，学生选课存在选课关系。

联系可分为以下3种类型。

① 一对一联系(1∶1)：例如，一个部门有一个经理，而每个经理只在一个部门任职，则部门与经理的联系是一对一的，如图3-3所示。

图3-3 部门与经理一对一联系(1∶1)

② 一对多联系(1∶n)：例如，一个班级与学生之间存在一对多的联系“有”，即一个班级可以有多个学生，但是每个学生只能属于一个班，如图3-4所示。

图3-4 班级与学生一对多联系(1∶n)

③ 多对多联系($m:n$)：例如，学生与课程间的联系是多对多的，即一个学生可以学多门课程，而每门课程可以有多个学生来学，如图 3-5 所示。

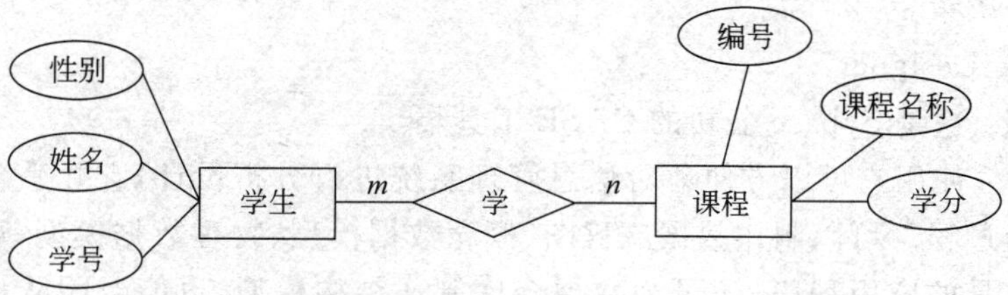

图 3-5　学生与课程的多对多联系($m:n$)

当然，联系也可能有属性。例如，学生学某门课程所取得的成绩，既不是学生的属性也不是课程的属性。由于成绩既依赖于某名特定的学生又依赖于某门特定的课程，所以它是学生与课程之间的联系“学”的属性，如图 3-6 所示。

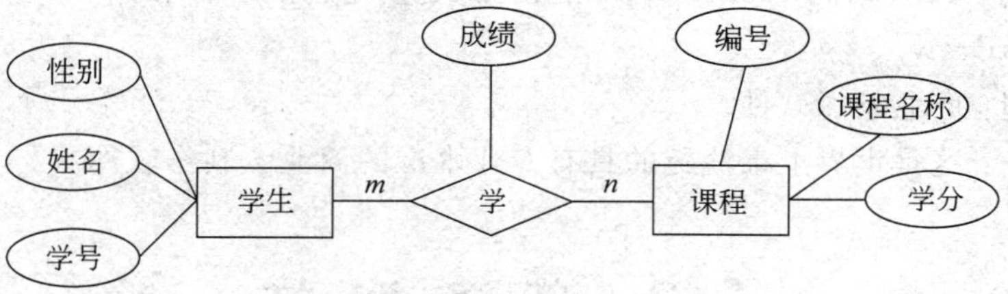

图 3-6　学生与课程联系“学”的属性

4. 绘制 E-R 图的步骤

(1) 确定所有的实体集合。

(2) 选择实体集应包含的属性。

(3) 确定实体集之间的联系。

(4) 确定实体集的关键字，用下划线在属性上表明关键字的属性组合。

(5) 确定联系的类型，在用线将表示联系的菱形框联系到实体集时，在线旁注明是 1 或 n(多)来表示联系的类型。

5. 绘制 E-R 图的方法

E-R 图的绘制有两种方法：集成法和分离法。集成法是将一个系统的所有实体、实体属性、实体与实体之间的联系全部画在一个图上，形成一个完整的 E-R 图，这种画法适合描述规模不大的数据库系统；分离法是先分别绘制各个实体及其属性图，然后再画实体间联系图，这种画法适合描述规模较大的数据库系统。

6. E-R 图绘制工具介绍

(1) Visio

适用对象：IT 和商务专业人员。

适用事务：就复杂信息、系统和流程进行可视化处理、分析和交流。使用具有专业外观的 Office Visio 图表，促进对系统和流程的了解，深入了解复杂信息并利用这些信息做出更好的业务决策。

(2) PowerDesigner

适用类型：这是 Sybase 公司的 CASE 工具集。

适用事务：使用它可以方便地对信息管理系统进行分析设计，它几乎包括了数据库模型设计的全过程。可以制作数据流程图、概念数据模型、物理数据模型，可以生成多种客户端开发工具的应用程序，还可为数据仓库制作结构模型，也能对团队设备模型进行控制。

(3) ERwin

适用类型：数据建模工具，是关系数据库应用开发的优秀 CASE 工具。

适用事务：支持各主流数据库系统，其设计图支持 Microsoft Office 的直接复制。ERwin 也能与 CA 公司的 Model Mart 集成，满足企业建模的需求。

(4) SmatDraw

适用类型：商业绘图软件。

适用事务：这是世界上最流行的具有专业水准的商业图制作软件。

3.2 任务实施

3.2.1 分析数据库的概念模型

1. 系统数据实体

通过分析可知，学生基本信息管理系统的参与者是系统管理员，他登录系统后，可以维护管理员信息、维护学院信息、维护系部信息、维护专业信息、维护班级信息、维护学生信息、统计学生信息等。根据 E-R 图相关知识，该系统具有系统管理员、学院信息、系部信息、专业信息、班级信息、学生信息等实体。

2. 实体属性

(1) 系统管理员实体属性

通过分析可知，系统管理员实体具有的属性如图 3-7 所示。

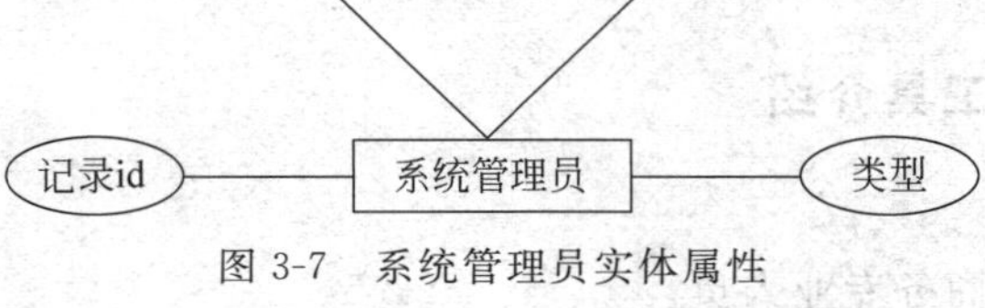

图 3-7 系统管理员实体属性

(2) 学院信息实体属性

通过分析可知,学院信息实体具有的属性如图 3-8 所示。

图 3-8 学院信息实体属性

(3) 系部信息实体属性

通过分析可知,系部信息实体具有的属性如图 3-9 所示。

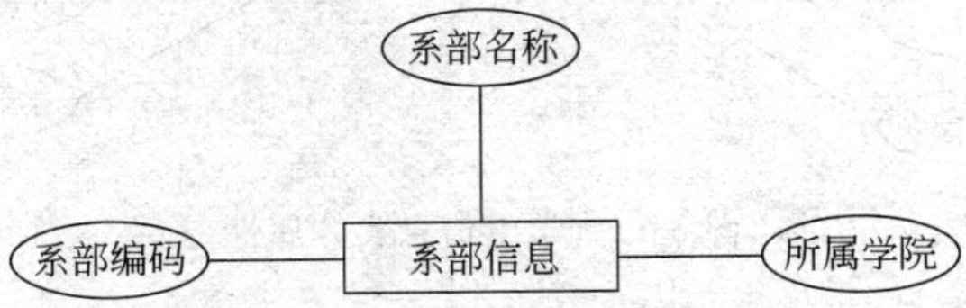

图 3-9 系部信息实体属性

(4) 专业信息实体属性

通过分析可知,专业信息实体具有的属性如图 3-10 所示。

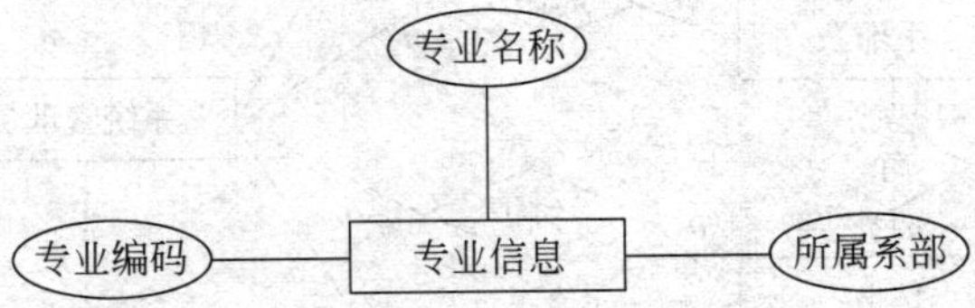

图 3-10 专业信息实体属性

(5) 班级信息实体属性

通过分析可知,班级信息实体具有的属性如图 3-11 所示。

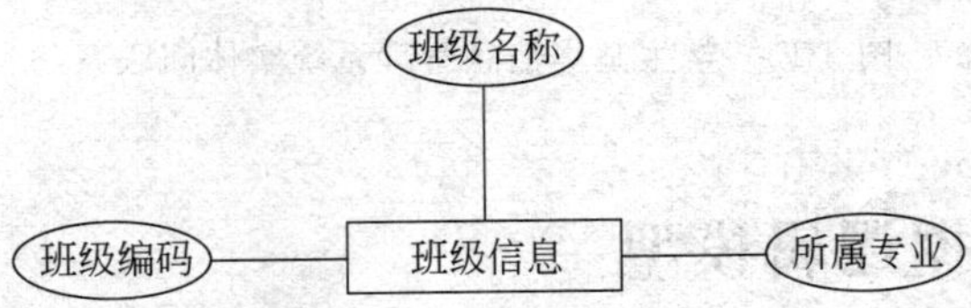

图 3-11 班级信息实体属性

(6) 学生信息实体属性

通过分析可知,学生信息实体具有的属性如图 3-12 所示。

3. 实体间联系图

学生基本信息管理系统实体间联系图如图 3-13 所示。

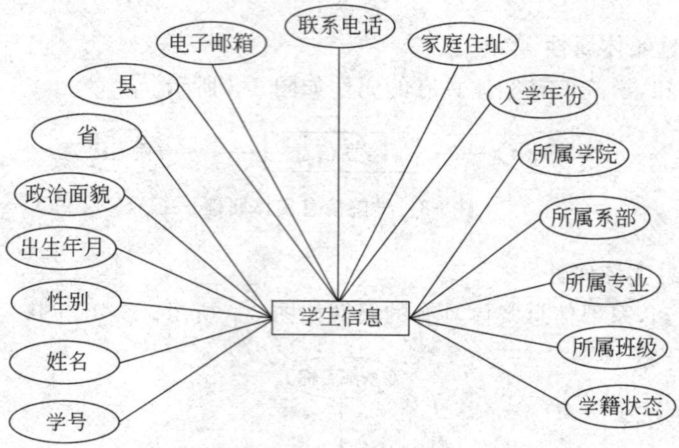

图 3-12　学生信息实体属性

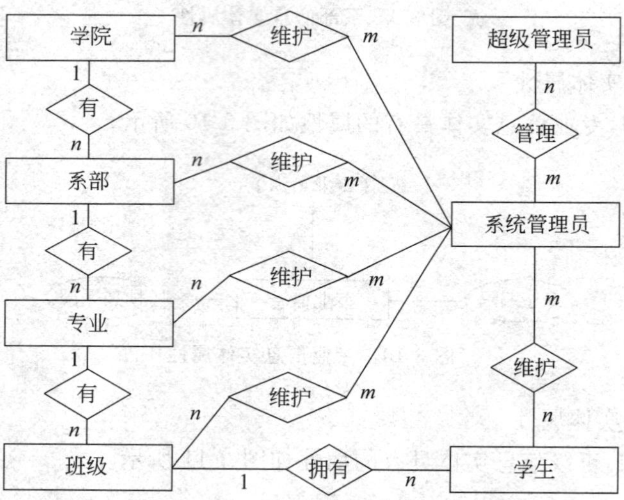

图 3-13　学生基本信息管理系统实体间联系

3.2.2　分析数据逻辑模型

根据 3.2.1 小节的 E-R 分析结果，进一步分析与 E-R 图对应的关系模式。

(1) 系统管理员(记录 ID，账号，密码)

(2) 学院信息(学院编码，学院名称)

(3) 系部信息(系部编码，系部名称，所属学院)

(4) 专业信息(专业编码，专业名称，所属系部)

(5) 班级信息(班级编码，班级名称，所属专业)

(6) 学生信息(学号，姓名，性别，出年日期，政治面貌，省，市，县，电子邮箱，联系电话，家庭住址，入学年份，所属学院，所属系部，所属专业，所属班级，学籍状态)

项目的数据逻辑模型如图 3-14 所示。

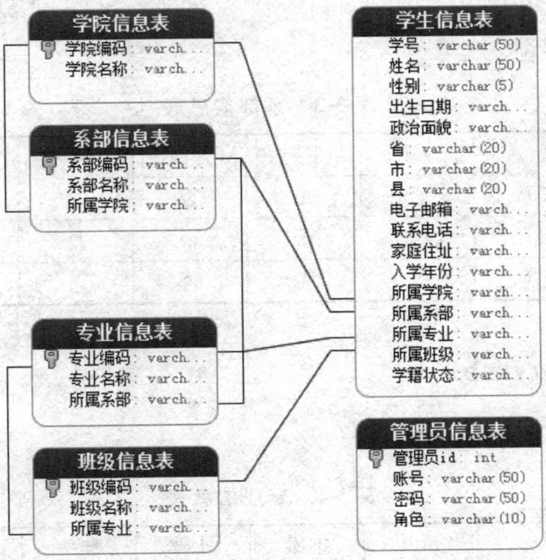

图 3-14　项目数据逻辑模型

3.2.3　设计数据物理模型

根据数据逻辑模型，进一步设计形成数据表，具体如下。

1. 管理员信息表(glyxxb)

管理员信息表见表 3-1。

表 3-1　管理员信息表

字段名	类　型	null	主键	外键	唯一	自增	说　明
id	int	否	是	否	是	是	管理员 id
zh	varchar(50)	是	否	否	是	否	账号
mm	varchar(50)	是	否	否	否	否	密码
js	varchar(10)	是	否	否	否	否	角色

2. 学院信息表(xyxxb)

学院信息表见表 3-2。

表 3-2　学院信息表

字段名	类　型	null	主键	外键	唯一	自增	说　明
xybm	varchar(20)	否	是	否	是	否	学院编码
xymc	varchar(50)	是	否	否	是	否	学院名称

3. 系部信息表(xbxxb)

系部信息表见表 3-3。

表 3-3 系部信息表

字段名	类　型	null	主键	外键	唯一	自增	说　明
xbbm	varchar(20)	否	是	否	是	否	系部编码
xbmc	varchar(50)	是	否	否	是	否	系部名称
xybm	varchar(20)	是	否	否	否	否	学院编码

4. 专业信息表(zyxxb)

专业信息表见表 3-4。

表 3-4 专业信息表

字段名	类　型	null	主键	外键	唯一	自增	说　明
zybm	varchar(20)	否	是	否	是	否	专业编码
zymc	varchar(50)	是	否	否	是	否	专业名称
xbbm	varchar(20)	是	否	否	否	否	系统编码

5. 班级信息表(bjxxb)

班级信息表见表 3-5。

表 3-5 班级信息表

字段名	类　型	null	主键	外键	唯一	自增	说　明
bjbm	varchar(20)	否	是	否	是	否	班级编码
bjmc	varchar(50)	是	否	否	是	否	班级名称
zybm	varchar(20)	是	否	否	否	否	专业编码

6. 学生信息表(xsxxb)

学生信息表见表 3-6。

表 3-6 学生信息表

字段名	类　型	null	主键	外键	唯一	自增	说　明
xh	varchar(20)	否	是	否	是	否	学号
xm	varchar(20)	是	否	否	否	否	姓名
xb	varchar(5)	是	否	否	否	否	性别
csrq	varchar(20)	是	否	否	否	否	出生日期
zzmm	varchar(10)	是	否	否	否	否	政治面貌
sheng	varchar(20)	是	否	否	否	否	省

续表

字段名	类　型	null	主键	外键	唯一	自增	说　明
shi	varchar(20)	是	否	否	否	否	市
xian	varchar(20)	是	否	否	否	否	县
dzyx	varchar(50)	是	否	否	否	否	电子邮箱
lxdh	varchar(20)	是	否	否	否	否	联系电话
jtzz	varchar(50)	是	否	否	否	否	家庭住址
rxnf	varchar(10)	是	否	否	否	否	入学年份
xybm	varchar(20)	是	否	否	否	否	所属学院
xbbm	varchar(20)	是	否	否	否	否	所属系部
zybm	varchar(20)	是	否	否	否	否	所属专业
bjbm	varchar(20)	是	否	否	否	否	所属班级
xjzt	varchar(10)	是	否	否	否	否	学籍状态

3.2.4　创建数据库

数据表设计完成并检查无误后，需在 MySQL 服务器上实施，即在 MySQL 数据库服务器上建立数据库，然后按照数据的物理模型创建数据表。创建数据库及数据表的方式有两种，一种是在 MySQL 的命令行输入命令创建，另一种是直接使用第三方的数据库管理工具创建。

1. 使用命令行方式创建数据库及数据表

(1) 创建数据库(stusys)的 SQL 语句如下：

```
CREATE  DATABASE  `stusys`  DEFAULT  CHARACTER  SET  utf8  COLLATE utf8_general
_ci;
```

(2) 创建数据表

① 创建管理员信息表(glyxxb)的 SQL 语句如下：

```
CREATE  TABLE  `glyxxb` (
`id`  INT  NOT  NULL  AUTO_INCREMENT  PRIMARY  KEY ,
`zh`  VARCHAR( 50 ),
`mm`  VARCHAR( 50 ),
  `js`  VARCHAR( 10 ),
  UNIQUE (`zh`)
) ENGINE=MyISAM  DEFAULT  CHARSET=utf8;
```

② 创建学院信息表(xyxxb)的 SQL 语句如下：

```
CREATE  TABLE  `xyxxb` (
  `xybm`  VARCHAR( 20 )  NOT  NULL ,
```

```
  `xymc`  VARCHAR( 50 ),
PRIMARY  KEY (`xybm`) ,
UNIQUE (
`xymc`
)
) ENGINE=MyISAM  DEFAULT  CHARSET=utf8;
```

③ 创建系部信息表(xbxxb)的 SQL 语句如下：

```
CREATE  TABLE  `xbxxb` (
  `xbbm`  VARCHAR( 20 )  NOT  NULL ,
  `xbmc`  VARCHAR( 50 ),
  `xybm`  VARCHAR( 20 ),
PRIMARY  KEY (`xbbm`) ,
UNIQUE (
`xbmc`
)
) ENGINE=MyISAM  DEFAULT  CHARSET=utf8;
```

④ 创建专业信息表(zyxxb)的 SQL 语句如下：

```
CREATE 确 TABLE  `zyxxb` (
  `zybm`  VARCHAR( 20 )  NOT  NULL ,
  `zymc`  VARCHAR( 50 ),
  `xbbm`  VARCHAR( 20 ),
PRIMARY  KEY (`zybm`) ,
UNIQUE (
`zymc`
)
) ENGINE=MyISAM  DEFAULT  CHARSET=utf8;
```

⑤ 创建班级信息表(bjxxb)的 SQL 语句如下：

```
CREATE  TABLE  `bjxxb` (
  `bjbm`  VARCHAR( 20 )  NOT  NULL,
  `bjmc`  VARCHAR( 50 ),
  `zybm`  VARCHAR( 20 ),
PRIMARY  KEY (`bjbm`) ,
UNIQUE (
`bjmc`
)
) ENGINE=MyISAM  DEFAULT  CHARSET=utf8;
```

⑥ 创建学生基本信息表(xsxxb)的 SQL 语句如下：

```
CREATE TABLE `xsxxb` (
  `xh`  varchar(20)  NOT  NULL,
  `xm`  varchar(20),
```

```
  `xb`  varchar(5),
  `csrq`  varchar(20),
  `zzmm`  varchar(10),
  `sheng`  varchar(20),
  `shi`  varchar(20),
  `xian`  varchar(20),
  `dzyx`  varchar(50),
  `lxdh`  varchar(20),
  `jtzz`  varchar(50),
  `rxnf`  varchar(10),
  `xybm`  varchar(20),
  `xbbm`  varchar(20),
  `zybm`  varchar(20),
  `bjbm`  varchar(20),
  `xjzt`  varchar(10),
  PRIMARY  KEY  (`xh`)
) ENGINE=MyISAM  DEFAULT  CHARSET=utf8;
```

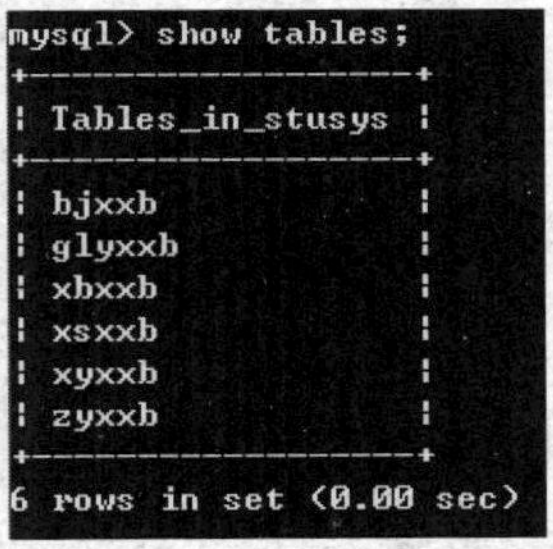

图 3-15　学生基本信息管理系统数据表

至此，学生基本信息管理系统数据表的实施完成，通过命令查看该数据库的数据表如图 3-15 所示。

2. 使用第三方数据库管理工具创建数据表

(1) 创建数据库(stusys)

以下将使用 PHP 集成开发环境软件自带的数据库管理工具 phpMyAdmin 创建数据库，步骤如下。

步骤 1：进入 phpMyAdmin 管理工具的主界面，在“创建一个新的数据库”文本框中输入数据库名称 stusys。

步骤 2：在“整理”下拉列表中选择 utf8_general_ci 选项。

步骤 3：单击“创建”按钮，完成数据库的创建，如图 3-16 所示。

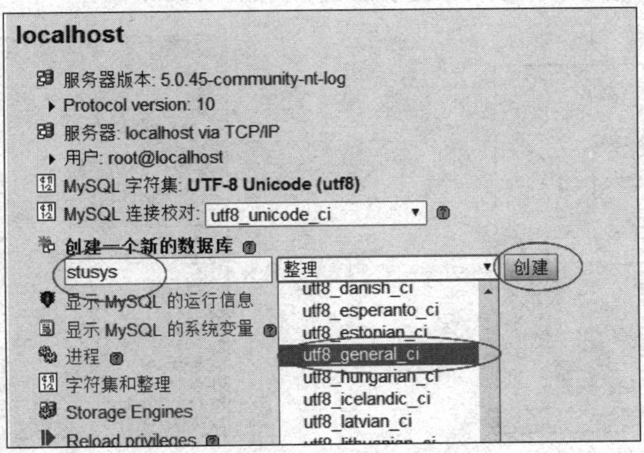

图 3-16　创建数据库

(2) 创建数据表

创建管理员信息表(glyxxb)。

步骤 1：单击 phpMyAdmin 主界面左侧的数据库 stusys，在右侧的“名字”文本框中输入表名 glyxxb，在 Number of fields 文本框中输入字段数 4，单击“执行”按钮，如图 3-17 所示。

图 3-17　填写表名及字段数目

步骤 2：根据系统管理员数据物理模型设置相关字段，如图 3-18 所示。

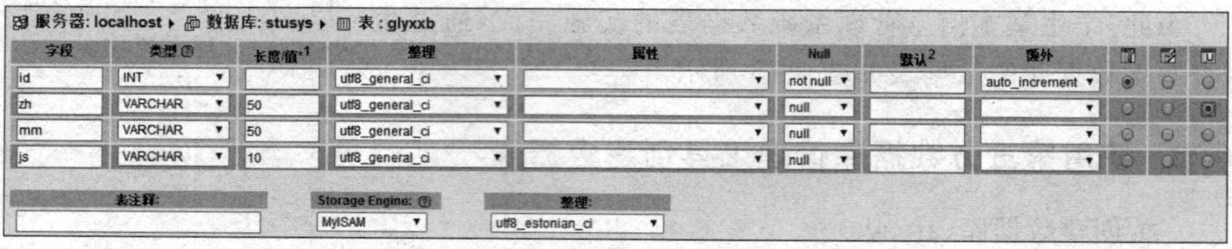

图 3-18　设置系统管理员表字段

步骤 3：设置完成字段信息后，单击“保存”按钮完成管理员信息表的创建，此时在主界面的左侧会看到在数据库 stusys 下面新增了一个数据表 glyxxb，如图 3-19 所示。

按照创建管理员信息表(glyxxb)的方法，依次创建学院信息表(xyxxb)、系部信息表(xbxxb)、专业信息表(zyxxb)、班级信息表(bjxxb)、学生基本信息表(xsxxb)5 个数据表，最终完成学生基本信息管理系统数据表的创建，如图 3-20 所示。

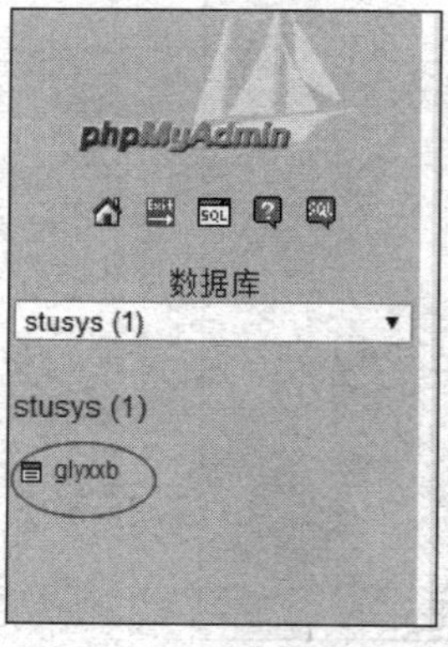

图 3-19　成功创建数据表 glyxxb

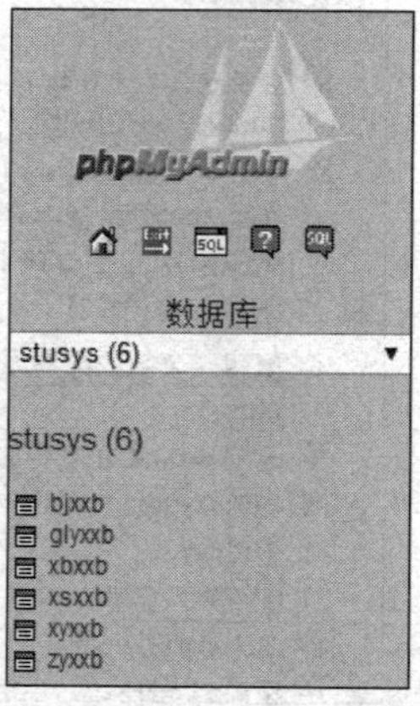

图 3-20　创建完成学生基本信息管理系统数据表

3.3　经验传递

（1）在设计网站项目数据库时，如果是多名成员分工共同完成的项目，在编写代码前需共同分析形成数据表，因为一个网站项目后台开发及前后台整合都与数据库有关，还有一个重要原因是有利于项目成员任务的实现，可以提高项目开发的效率。

（2）在网站建设企业中，做真实项目时通常不用写出网站项目数据库数据实体属性和数据概念模型，只需完成数据表的设计即可，上述所列出的网站项目数据库数据实体属性和数据概念模型目的在于给读者学习分析的过程。

（3）在实际的应用中，在数据库实施阶段，通常使用第三方数据库管理工具创建数据表，原因在于操作方便，效率高。

3.4　知识拓展

下面进行连表查询。

提示：该部分内容请扫描二维码查看。

项目任务4　项目界面原型设计

知识目标

(1) 了解什么是界面原型。

(2) 了解为什么要设计界面原型。

(3) 了解界面原型设计的好处。

(4) 了解界面原型设计工具。

(5) 掌握一款界面原型设计工具的应用。

能力目标

(1) 能够根据项目需求，使用界面原型设计工具设计出项目的界面原型。

(2) 培养严谨、细致的工作态度。

任务描述

本项目任务主要是根据项目需求，使用界面原型设计工具设计出项目的全套界面原型。

4.1　知识准备

1. 什么是界面原型

界面原型就是在需求分析阶段完成用例的过程中或者完成用例后，协助需求分析人员所设计的界面。

2. 为什么要设计界面原型

如何快速准确地做好需求分析是项目开发成败的关键，需求分析作为整个项目的基础，关系到项目的开发效率和质量，在软件项目较复杂的情况下，仅采用传统的用例分析等方法进行需求分析所产生大量数据和文档已不合时宜，而制作界面原型是一个有效的简化文档编制、吸引使用者参与、早期辨认需求遗漏、将外在需求风险降到最低的有效方法。

根据调查报告显示，大约60%的软件开发不是失败，就是超预算、延期或功能不够强大，究其原因，与其说是没有搞定关键客户，或是项目管理问题，不如说是在开发软件时没有把握住客户存在的问题，对客户的理解度不够，没有与客户进行深度交互。实际上，或许很多项目也是经过了概要设计、详细设计等CMMI（能力成熟度整合模式）流程，但也许就是因为缺少了很关键的一步，那就是原型设计，它能够确保软件交互过程与用户期望保持一致，因此，目前软件开发类的企业大多会把界面原型作为软件需求分析的重要手段。

3. 界面原型设计的好处

界面原型设计能够在表现层将设计合成为一个逻辑整体，客户能看到未来交互的软件蓝图、功能和效果，获得较真实的感受，在不断讨论的基础上完善未来的设计思想。众所周知，软件编码的代价是很大的，系统重构的代价更大，可能会导致项目目标无法完成，但是在原型中修改一些重要的交互行为或布局等所花费的也只是一点点沟通时间，并且通常一个人就能对原型进行构建和维护，不会中断其他进度。因此，使用原型的根本目的不是为了交付，而是沟通、测试、修改、解决不确定因素，所以界面原型设计的好处大体可总结为如下几点。

(1) 界面原型设计有助于项目相关人员理解设计构架及应用要求。

(2) 它能在一定的场合提供针对潜在客户和投资者要求形象的功能演示。原型设计越复杂，就围绕该设计的支持建立和反馈收集而言，UI原型设计的价值就越大。

(3) 原型设计人员能够围绕其建立起的全局观来进行原型的特性设计和功能添加。

(4) 原型设计的优势在于能为用户节省资金、缩短开发时间，并最终获得更好的产品。

4. 界面原型设计工具介绍

(1) Axure RP

Axure RP无疑是目前最受欢迎的快速原型设计软件，它是一套专门为了网站或者应用程序策划所设计的辅助工具，可以让应用网站策划人员或网站界面设计师更快速且更容易地建立Web AP和Website的示意图、流程图、原型和规格。Axure RP借鉴了Office的界面，能够让用户快速上手，并且提供了丰富的组件样式，使得用户能够创建低保真、高保真甚至接近于实际效果的界面。不过最让人称道的是Axure RP丰富的脚本模式，可以通过单击和选择来快速完成界面元素的交互，如链接、状态切换、动态变化等效果，使得Axure RP能够生成十分接近于真实产品的原型。另一方面，Axure RP能够导入其他人创建的元件库，使得Axure RP能够满足绝大多数类型产品的设计。Axure RP主界面如图4-1所示。

(2) UI设计工具

UI设计工具是一款国产的软件，它拥有强大的模板和预制功能，能够快速地搭建起软件界面的高保真原型，可以实现设计师、产品经理、程序开发工程师三者间的快速沟通，减少不必要的工作内耗。UI设计工具的主界面如图4-2所示。

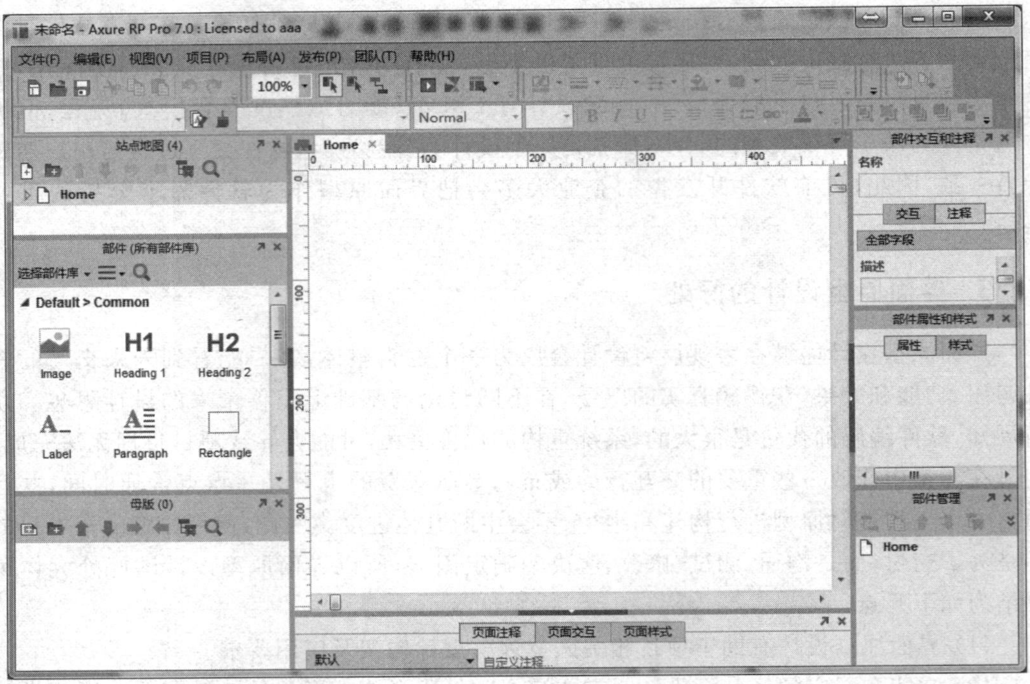

图 4-1　Axure RP 主界面

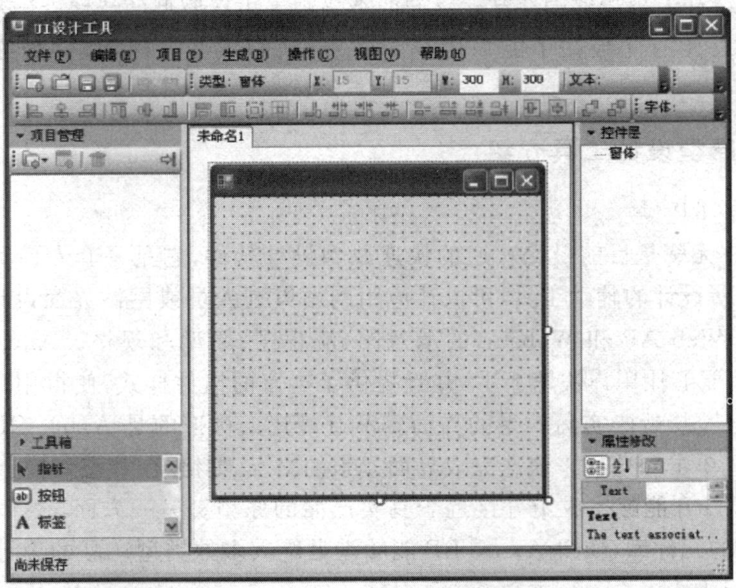

图 4-2　UI 设计工具的主界面

(3) Mockplus

Mockplus 是一款简洁快速的原型图设计工具，适合软件团队、个人在软件开发的设计阶段使用。其有低保真、无须学习、快速上手、功能够用的特点，并能够很好地表达自己的设计。Mockplus 主界面如图 4-3 所示。

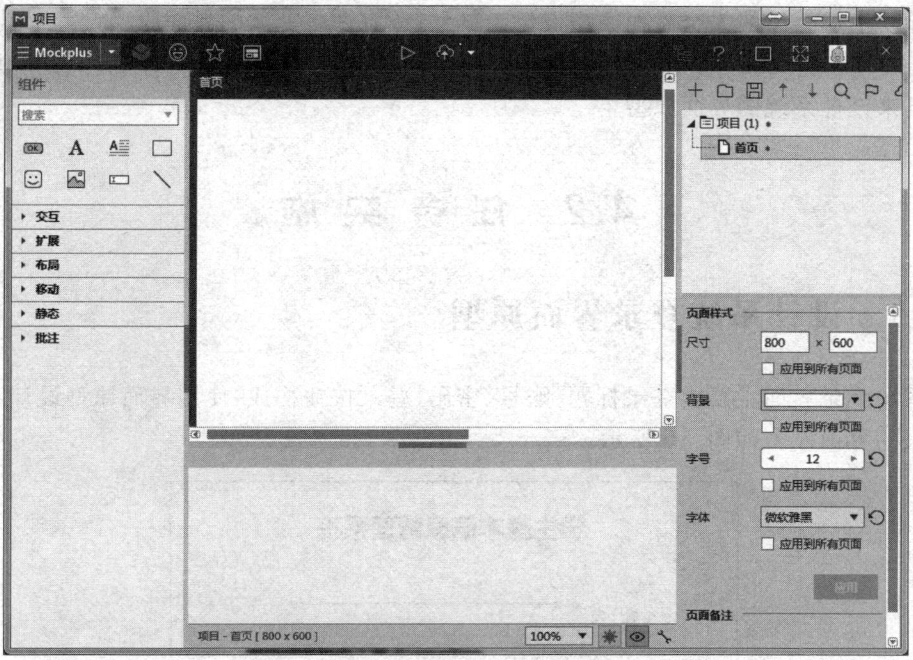

图 4-3　Mockplus 主界面

（4）Pencil Project

Pencil Project 最初只是 Firefox 的小插件，曾经得过 Firefox 插件 Grand Prize 大奖第一名，后来发布了独立软件。这款手绘风格的开源原型设计工具可以用来绘制各种架构图和流程图。Pencil Project 内置丰富模板，可创建具有背景的多页面文档，支持文档内超链接跳转，支持富文本功能的文字处理，支持安装自制画笔和模板，具备所有标准绘图功能（如对齐、堆叠层级、缩放、旋转等），支持添加外部对象，可以跨平台输出 HTML、PNG、OpenOffice、Word、PDF 等格式的文件等。Pencil Project 主界面如图 4-4 所示。

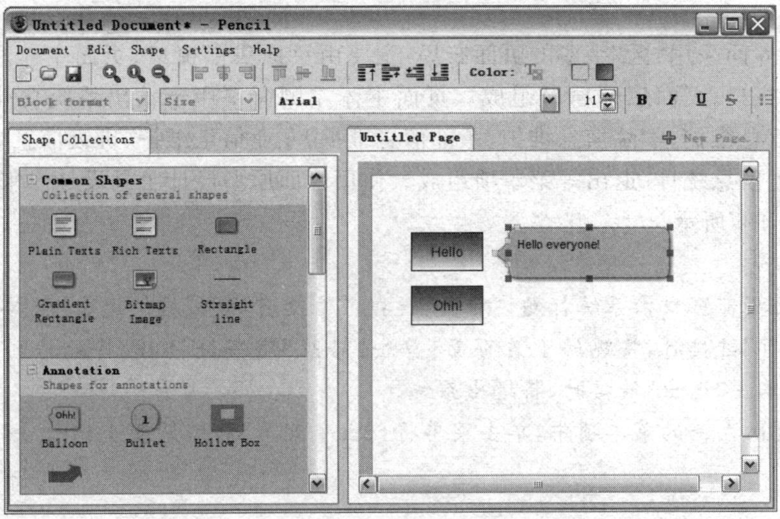

图 4-4　Pencil Project 主界面

除了上述介绍的 4 个界面原型设计工具外，还有许多其他的界面原型设计工具，比如 Solidify、PowerMockup、Antetype、Shireframe 等，当然也可以使用 Fireworks、Photoshop 等工具来设计系统的界面原型。

4.2 任务实施

4.2.1 设计系统登录界面原型

系统登录界面主要由登录标题、账号、密码、登录按钮构成，使用界面原型设计工具设计出来的界面原型如图 4-5 所示。

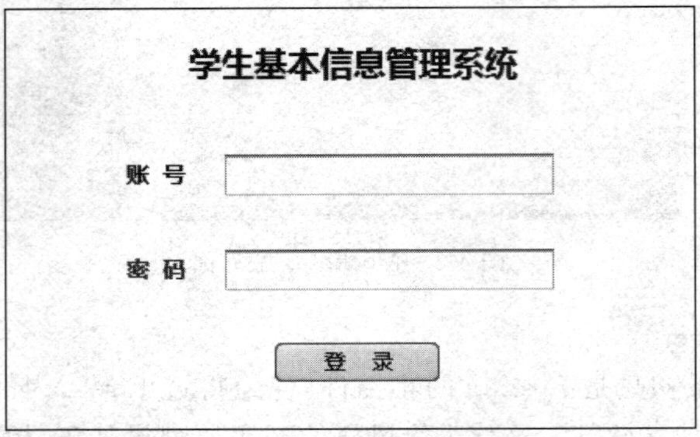

图 4-5　系统登录界面原型

说明：单击"登录"按钮时，若账号或密码为空则弹窗提示。

4.2.2 设计系统主界面原型

系统主界面采用"区"字形的页面布局，主要由页面头部窗口、页面主体左侧窗口、页面主体右侧窗口、页面底部窗口组成。页面主体左侧窗口用于输出系统功能菜单，由首页、管理员信息维护、学院信息维护、系部信息维护、专业信息维护、班级信息维护、学生信息维护、学生信息统计、退出等菜单项组成。使用界面原型设计工具设计出来的系统主界面原型如图 4-6 所示。

说明：

- 页面头部窗口由系统标题、"首页"链接、"修改密码"链接、"退出"链接组成。单击"首页"链接时，将跳转至首页面；单击"修改"密码链接时，将跳转到修改密码页面；单击"退出"链接时，将退出系统。
- 在页面左侧的菜单项中，单击菜单将列出子菜单，具体见表 4-1。

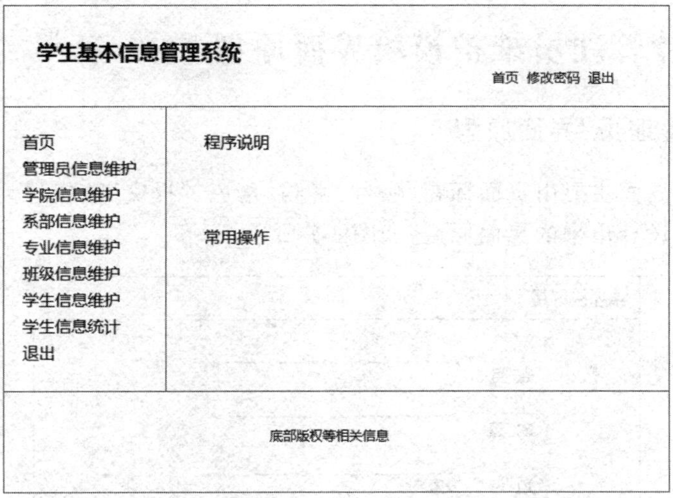

图 4-6 系统主界面原型

表 4-1 功能菜单的子菜单情况

菜单名称	子菜单	描述
首页	无	在页面主体右侧窗口将显示“程序说明”页面
管理员信息维护	添加管理员	在页面主体右侧窗口打开“添加管理员”页面
	管理员列表	在页面主体右侧窗口打开“管理员列表”页面
学院信息维护	添加学院	在页面主体右侧窗口打开“添加学院”页面
	学院列表	在页面主体右侧窗口打开“学院列表”页面
系部信息维护	添加系部	在页面主体右侧窗口打开“添加系部”页面
	系部列表	在页面主体右侧窗口打开“系部列表”页面
专业信息维护	添加专业	在页面主体右侧窗口打开“添加专业”页面
	专业列表	在页面主体右侧窗口打开“专业列表”页面
班级信息维护	添加班级	在页面主体右侧窗口打开“添加班级”页面
	班级列表	在页面主体右侧窗口打开“班级列表”页面
学生信息维护	添加学生	在页面主体右侧窗口打开“添加学生”页面
	学生列表	在页面主体右侧窗口打开“学生列表”页面
学生信息统计	学校招生走势图	在页面主体右侧窗口打开“学校招生走势图”页面
	二级学院招生情况	在页面主体右侧窗口打开“二级学院招生”页面
	生源分布情况	在页面主体右侧窗口打开“生源分布”页面
退出	无	链接到退出系统文件

- 页面主体左侧窗口默认为输出程序说明页面，程序说明信息包括用户名、身份过期、服务器域名、获取 PHP 运行方式、服务器端口、IP、现在时间、脚本解释引擎、浏览器版本、系统类型及版本号等；常用操作为添加学生信息、维护学生信息（学生信息列表）、学生数据统计。
- 页面底部窗口主要输出版权等信息。

4.2.3 设计管理员维护模块界面原型

1. “添加管理员”界面原型

添加管理员界面主要由页面标题、账号、密码、角色、“提交”按钮等元素构成，使用界面原型设计工具设计出来的界面原型，如图 4-7 所示。

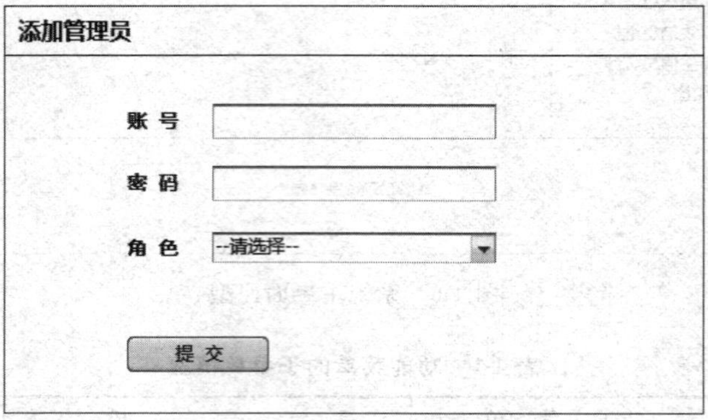

图 4-7 添加管理员界面原型

说明：

- 账号或密码为空时弹窗提示。
- 没选角色时弹窗提示。
- 添加成功后，弹窗提示成功信息，并跳转到管理员列表页。
- 若该账号已存在，应弹窗提示。
- 角色的列表项只有普通管理员。

2. “管理员列表”界面原型

管理员列表页面以列表的方式输出系统管理员信息，使用界面原型设计工具设计出来的界面原型，如图 4-8 所示。

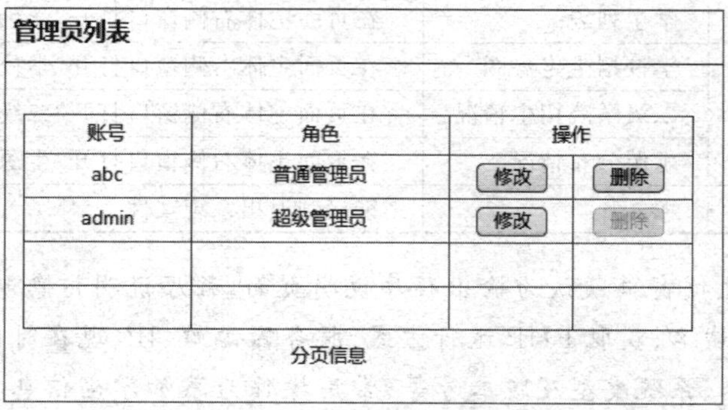

图 4-8 管理员列表页界面原型

说明：

- 超级管理员记录不能被删除。
- 单击"删除"按钮将删除相应管理员。若删除成功，将弹窗提示删除成功信息，否则提示删除失败信息。
- 单击"修改"按钮后跳转到修改管理员页面。

3. "修改管理员"界面原型

修改管理员信息主要用于编辑所要修改的管理员信息，使用界面原型设计工具设计出来的界面原型，如图 4-9 所示。

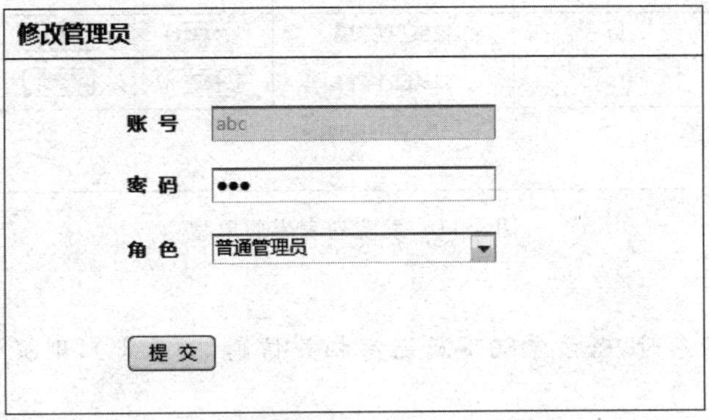

图 4-9　修改管理员界面原型

说明：

- 管理员"账号"选项不能被编辑。
- 若"密码"或"角色"选项为空时，均弹窗提示非空信息。

4.2.4　设计学院信息维护模块界面原型

1. "添加学院"界面原型

"添加学院"界面主要由页面标题、学院编码、学院名称、提交按钮等元素构成，使用界面原型设计工具设计出来的界面原型，如图 4-10 所示。

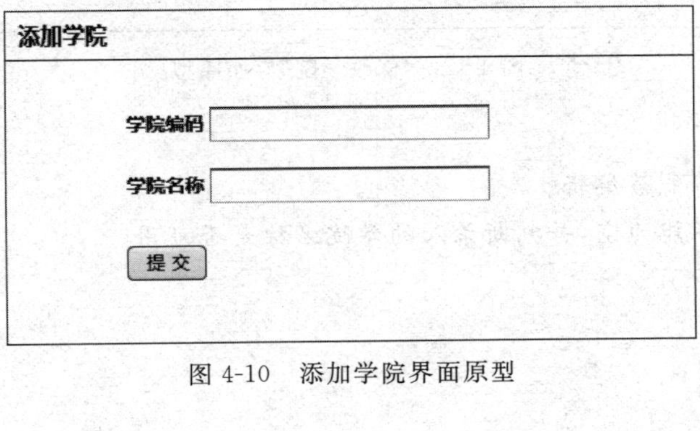

图 4-10　添加学院界面原型

说明：

- “学院编码”选项不能为空，并判断录入的编码是否可用。
- “学院名称”选项不能为空，并判断录入的学院名称是否可用。

2. “学院列表”界面原型

学院列表页以列表的方式输出学院信息，使用界面原型设计工具设计出来的界面原型，如图 4-11 所示。

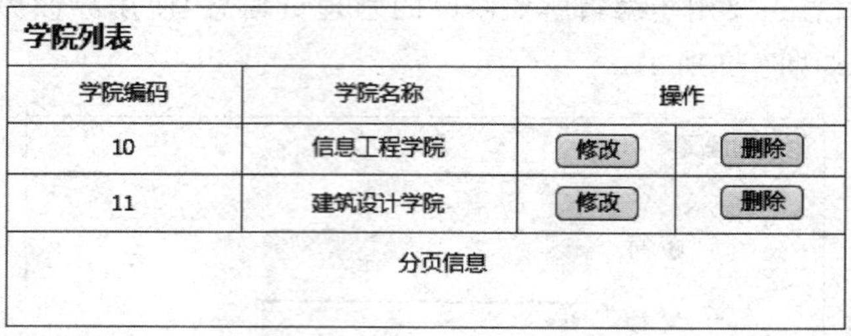

图 4-11　学院列表界面原型

说明：

- 删除学院信息时，若该学院下属还有相关信息(如系部)，则提示不能删除该学院的信息。
- 单击“修改”按钮，将跳转到“修改学院”页面。

3. “修改学院”界面原型

“修改学院”界面主要用于编辑所要修改的学院信息，使用界面原型设计工具设计出来的界面原型，如图 4-12 所示。

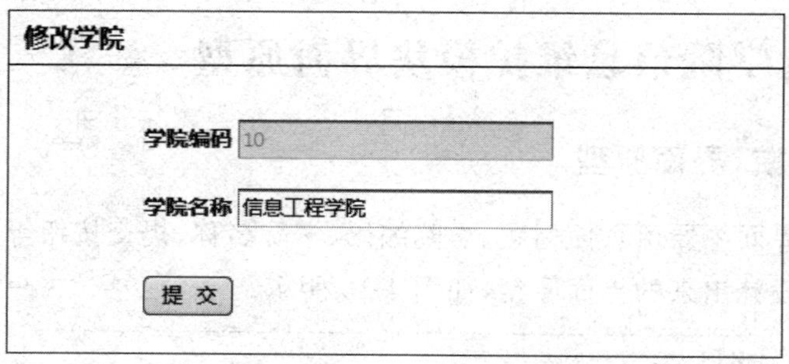

图 4-12　“修改学院”界面原型

说明：

- 学院编码不能被编辑。
- 学院名称不能为空，并判断录入的学院名称是否可用。

4.2.5　设计系部信息维护模块界面原型

1. "添加系部"界面原型

通过分析，使用界面原型设计工具设计出来的界面原型，如图 4-13 所示。

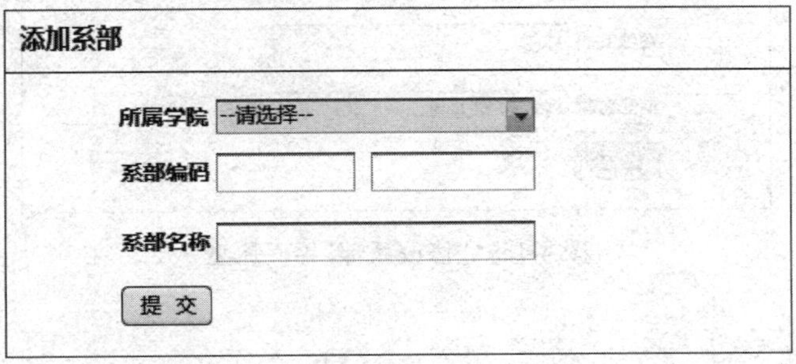

图 4-13　"添加系部"界面原型

说明：

- "系部编码"选项组成形式为：系部编码前缀(学院编码)＋系部编码后缀。
- "所属学院"选项为必选项，且当选择了"所属学院"选项后，将自动填充"系部编码"选项的前缀文本域。
- "系部编码"选项后缀不能为空，并判断录入的系部编码是否可用。
- "系部名称"选项不能为空，并判断录入的系部名称是否可用。
- 添加成功后跳转到"系部列表"界面。

2. "系部列表"界面原型

通过分析，使用界面原型设计工具设计出来的界面原型，如图 4-14 所示。

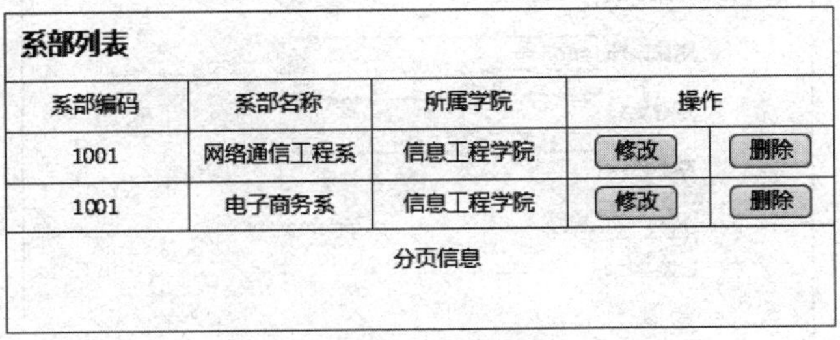

图 4-14　"系部列表"界面原型

说明：

- 删除系部信息时，若该系部下属还有相关信息，如专业信息，则提示不能删除该系部。
- 单击"修改"按钮将跳转到"修改系部"界面。

3. “修改系部”界面原型

通过分析，使用界面原型设计工具设计出来的界面原型，如图 4-15 所示。

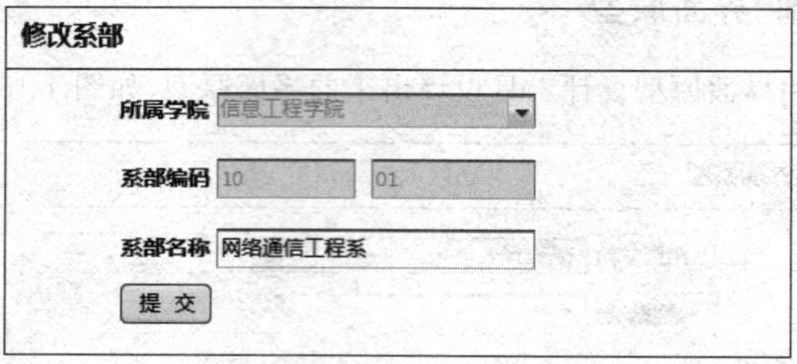

图 4-15 “修改系部”界面原型

说明：

- “所属学院”选项不能被编辑。
- “系部编码”选项不能被编辑。
- “系部名称”选项不能为空，并判断录入的系部名称是否可用。
- 修改成功后跳转到“系部列表”界面。

4.2.6 设计专业信息维护模块界面原型

1. “添加专业”界面原型

通过分析，使用界面原型设计工具设计出“添加专业”界面原型，如图 4-16 所示。

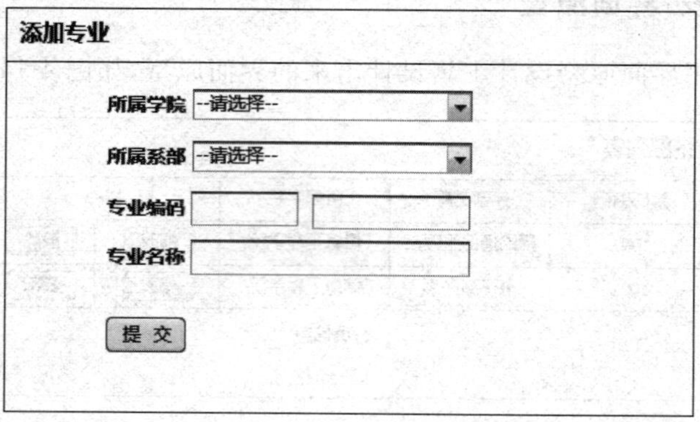

图 4-16 “添加专业”界面原型

说明：

- 专业编码组成形式为：专业编码前缀(系部编码)+专业编码后缀。
- “所属学院”选项为必选项，当选择了所属学院后，将联动更新“所属系部”选项。
- “所属系部”选项为必选项，当选择了系部后，将自动填充“专业编码”选项前缀。
- “专业编码”选项后缀不能为空，并判断录入的系部编码是否可用。

- “专业名称”选项不能为空，并判断录入的专业名称是否可用。
- 添加成功后跳转到“专业列表”界面。

2. “专业列表”界面原型

通过分析，使用界面原型设计工具设计出“专业列表”界面原型，如图 4-17 所示。

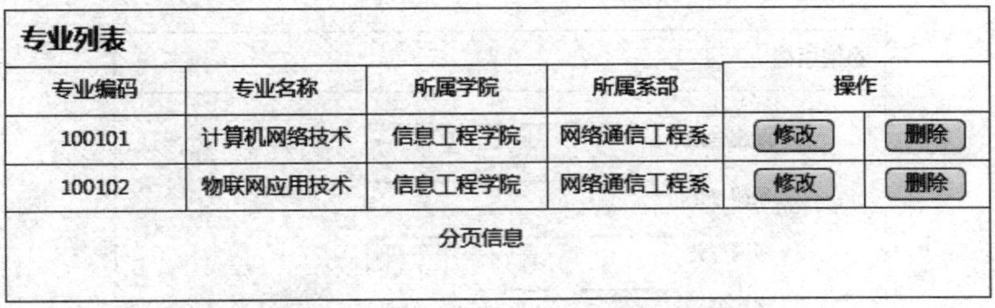

图 4-17　专业列表界面原型

说明：

- 删除专业信息时，若该专业下属还有相关信息，则提示不能删除该专业。
- 单击“修改”按钮将跳转到“修改专业”界面。

3. “修改专业”界面原型

通过分析，使用界面原型设计工具设计出“修改专业”界面原型，如图 4-18 所示。

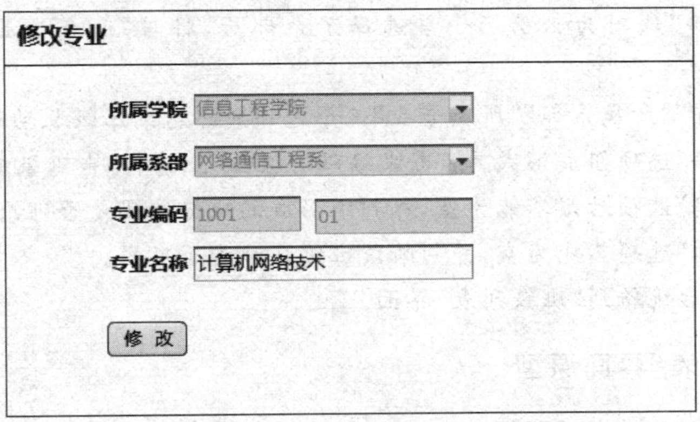

图 4-18　“修改专业”界面原型

说明：

- “所属学院”选项不能被编辑。
- “所属系部”选项不能被编辑。
- “专业编码”选项不能被编辑。
- “专业名称”选项不能为空，并判断录入的专业名称是否可用。
- 修改成功后跳转到“专业列表”界面。

4.2.7 设计班级信息维护模块界面原型

1. “添加班级”界面原型

通过分析,使用界面原型设计工具设计出“添加班级”界面原型,如图 4-19 所示。

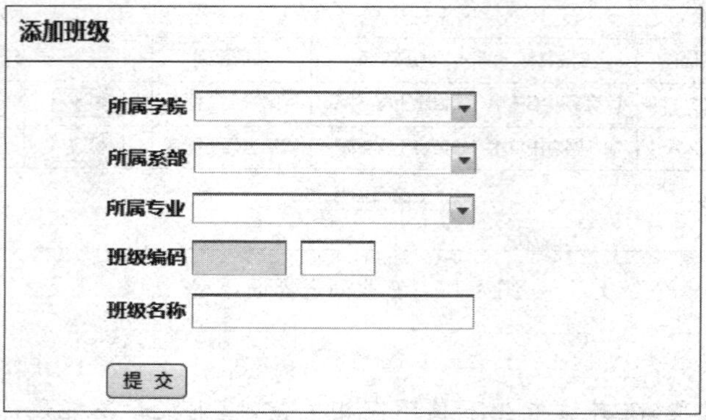

图 4-19 “添加班级”界面原型

说明:

- “所属学院”选项为必选项。当选择了学院后,将与“所属系部”选项形成二级联动。
- “所属系部”选项为必选项。当选择了系部后,将与“所属专业”选项形成二级联动。
- “所属学院”“所属系部”“所属专业”三个选项最终达到三级联动的效果。
- “班级编码”选项组成形式为:班级编码前缀(专业编码)+班级编码后缀。
- “班级编码”选项后缀不能为空,并判断形成的班级编码是否可用。
- “班级名称”选项不能为空,并判断该班级名称是否可用。
- 添加成功后跳转到“班级列表”界面。

2. “班级列表”界面原型

通过分析,使用界面原型设计工具设计出“班级列表”界面原型,如图 4-20 所示。

班级列表

班级编码	班级名称	所属学院	所属系部	所属专业	操作	
10010101	15网络1班	信息工程学院	网络通信工程系	计算机网络技术	修改	删除
10010202	15网络2班	信息工程学院	网络通信工程系	物联网应用技术	修改	删除
分页信息						

图 4-20 “班级列表”界面原型

说明：

- 删除班级信息时，若该班级下属还有相关信息，则提示不能删除该班级。
- 单击“修改”按钮将跳转到“修改班级”界面。

3. “修改班级”界面原型

通过分析，使用界面原型设计工具设计出“修改班级”界面原型，如图 4-21 所示。

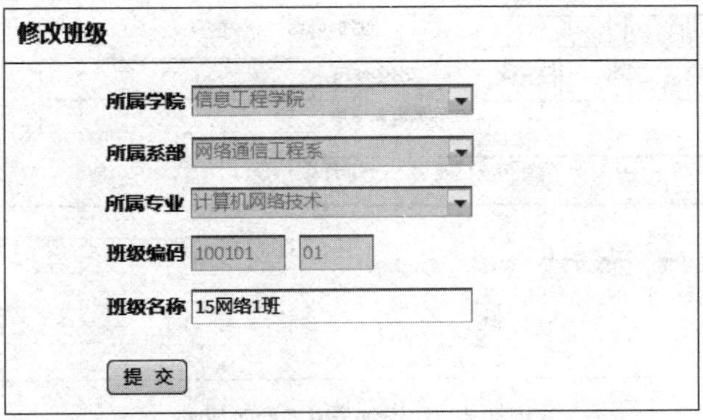

图 4-21　“修改班级”界面原型

说明：

- “所属学院”选项不能被编辑。
- “所属系部”选项不能被编辑。
- “所属专业”选项不能被编辑。
- “班级编码”选项不能被编辑。
- “班级名称”选项不能为空，并判断录入的班级名称是否可用。
- 修改成功后跳转到“班级列表”界面。

4.2.8　设计学生信息维护模块界面原型

1. “添加学生”界面原型

通过分析，使用界面原型设计工具设计出“添加学生”界面原型，如图 4-22 所示。

说明：

- 学院、系部、专业、班级、入学年份、姓名、“学号”选项的后缀部分、性别、政治面貌、出生年月、生源地、学籍状态为必填（必选）选项。
- 添加成功后跳转到本页面。

2. “学生列表”界面原型

通过分析，使用界面原型设计工具设计出“学生列表”界面原型，如图 4-23 所示。

说明：

- 单击“导出 Excel”按钮，将导出检索的数据。

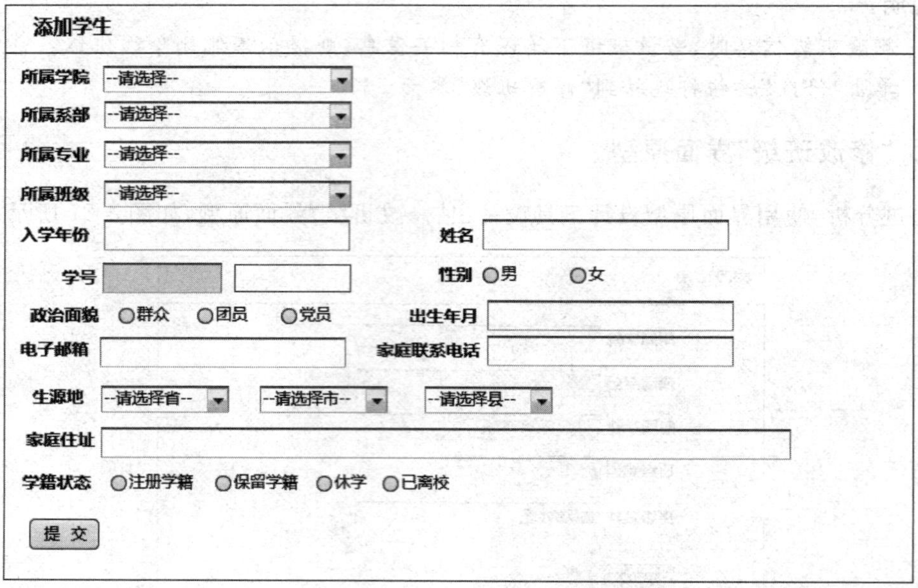

图 4-22 “添加学生”界面原型

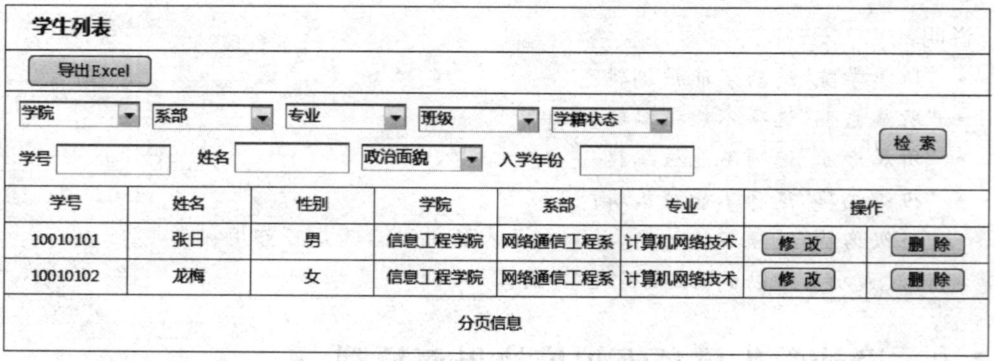

图 4-23 “学生列表”界面原型

- 单击“修改”按钮，将跳转到学生信息修改页。
- 删除学生信息时，若存在与该学生相关信息，则提示不能删除该学生。

3. “修改学生信息”界面原型

通过分析，使用界面原型设计工具设计出“修改学生信息”界面原型，如图 4-24 所示。

说明：

- 修改后的学生信息，其中“姓名”“性别”“出生年月”“政治面貌”“生源地”“入学年份”“所属学院”“所属系部”“所属专业”等选项，以及“所属班级”“学号”选项的后缀部分、“学籍状态”选项都不能为空或必须进行选择。
- 修改成功后跳转到学生信息列表页。

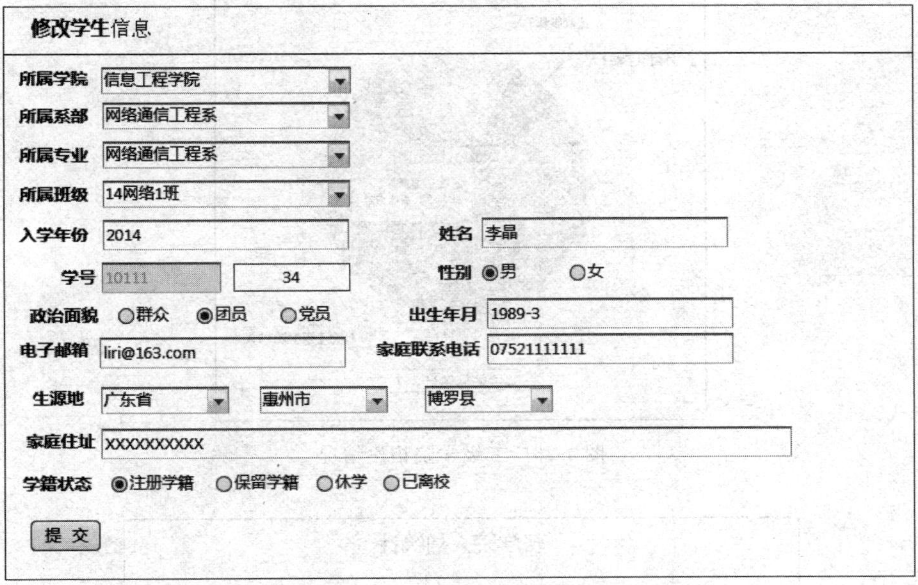

图 4-24 “修改学生信息”界面原型

4.2.9 设计学生信息统计模块界面原型

“学生信息统计”界面原型如图 4-25～图 4-27 所示。

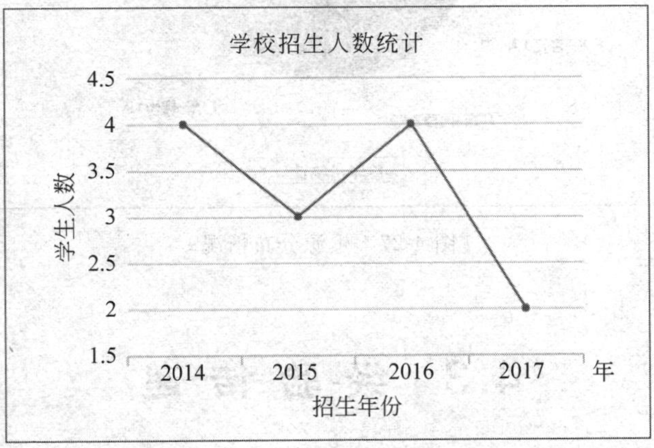

图 4-25 学校招生走势

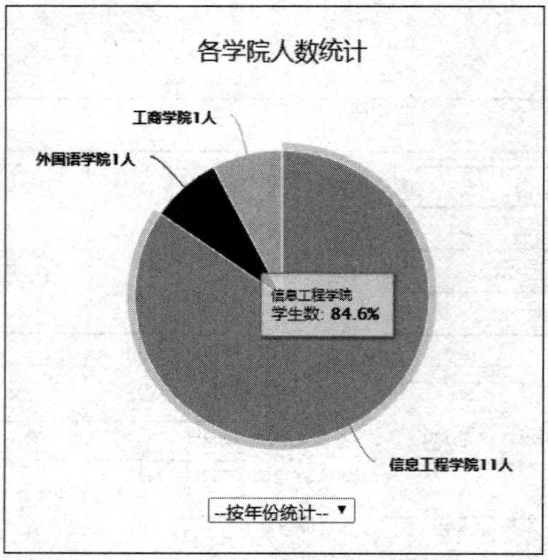

图 4-26　二级学院招生情况

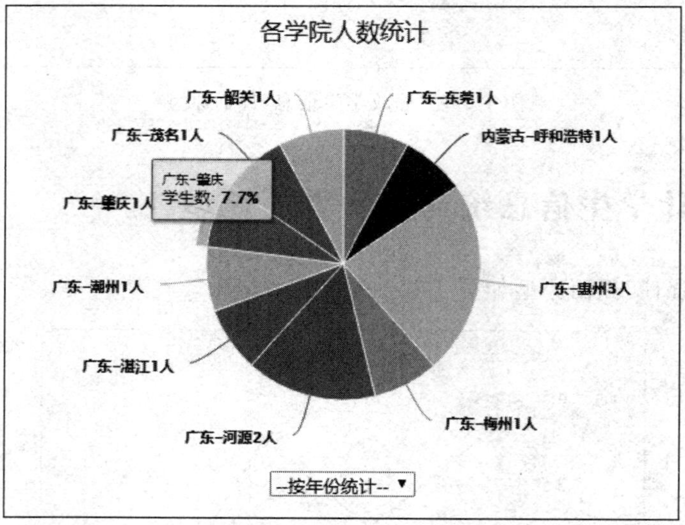

图 4-27　生源分布情况

4.3　经验传递

(1) 明确需求,这一点很重要。心理学里面有一种叫墨菲定律,它的意思是,如果事情有变坏的可能,不管这种可能性有多小,它总会发生。因此在画界面原型时,自己一定要想明白。

(2) 在明确需求后,必须弄清楚项目操作流程,只要流程清晰了,思路也就清晰了。

(3) 在设计原型的过程中应着眼于大局,把主要精力放在流程的优化和布局设计上,不要纠结于细枝末节，不要加入视觉设计的元素。

(4) 原型的设计过程是快速的、迭代的。

4.4 知识拓展

墨刀原型设计全攻略：http：//study.163.com/course/introduction/1004504011.htm。

零基础玩转 Axure RP 8.0：http：//study.163.com/course/introduction/1004491037.htm。

Axure RP 8.0 产品经理(第一季)：http：//study.163.com/course/introduction/1004887007.htm。

项目任务5　开发系统登录验证模块

知识目标

（1）了解登录验证原理。

（2）掌握 mysql_connect()、mysql_select_db()、mysql_query()、mysql_fetch_array()、mysql_num_rows()、isset()、require_once()、trim()、mysql_real_escape_string()等函数的应用。

（3）掌握 session 原理及应用。

（4）了解 Ajax 的工作原理。

（5）掌握 jQuery 中 post()方法的应用。

能力目标

（1）能够使用相关知识设计系统登录页面，并使用 jQuery 技术编写 JavaScript 脚本来对用户名、密码进行非空验证。

（2）能够正确编写登录验证的 PHP 代码文件。

（3）能够编写用于检测用户是否登录的 session 文件。

（4）培养严谨的思维能力和敏锐的网站安全意识。

（5）培养良好的自主学习能力和积极认真的工作态度。

任务描述

本项目任务是设计开发学生基本信息管理系统的登录验证模块，其中包括设计登录页面、编写登录验证 PHP 文件和检测用户是否登录的 session 文件。

5.1　知识准备

5.1.1　登录验证原理

登录验证模块是系统的入口，管理员在登录页面中输入账号和密码并提交后，验证文件将接收登录页面传递过来的账号和密码并进行验证。如果输入的账号、密码无误，则进入系统，否则弹出提示信息并跳转到登录页面。登录验证的原理如图 5-1 所示。

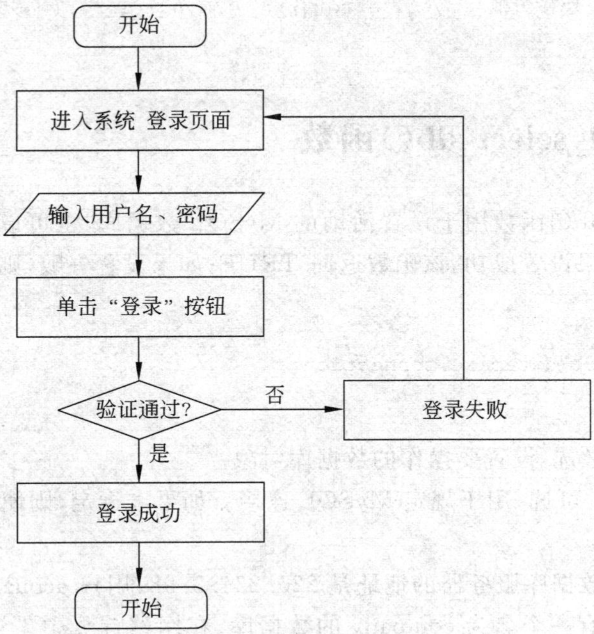

图 5-1　登录验证原理

5.1.2　mysql_connect()函数

mysql_connect()函数用于打开非持久的 MySQL 连接，如果连接成功，则返回一个 MySQL 连接标识；失败则返回 FALSE。

语法格式：

```
mysql_connect(server,user,pwd)
```

参数说明如下。

- server：可选，用于规定连接的服务器。如 MySQL Server 在本地，则使用 localhost 或 127.0.0.1。
- user：可选，服务器的用户名。
- pwd：可选，用于连接服务器的密码。

实例演示如下。

若某 MySQL 数据库服务器的地址是 220.234.5.98，用户 acouar 的密码为 hg-23h，则连接该 MySQL 数据库服务器的代码如下：

```
$host="220.234.5.98";
$user="acouar";
$pwd="hg-23h";
$conn=mysql_connect($host,$user,$pwd);
If(!conn){
```

```
    die('数据库连接失败'.mysql_error());  //mysql_error()函数用于捕获错误信息
}
```

5.1.3 mysql_select_db()函数

mysql_select_db()函数用于设置活动的 MySQL 数据库,也可以理解为设置要操作的数据库对象。如果设置成功,该函数返回 TRUE;如果设置失败,则返回 FALSE。

语法格式:

```
mysql_select_db(database,connection)
```

参数说明如下。

- database: 必选,设置要操作的数据库对象。
- connection: 可选,用于规定 MySQL 连接。如果未指定,则使用上一个连接。

实例演示如下。

若某 MySQL 数据库服务器的地址是 220.234.5.98,用户 acouar 的密码为 hg-23h,该数据库服务器中有一个名为 company 的数据库,在网站首页中需连接到该数据库,则代码为:

```
$host="220.234.5.98";
$user="acouar";
$pwd="hg-23h";
$conn=mysql_connect($host,$user,$pwd);
If(!conn){//判断连接是否创建成功
    die('数据库连接失败'.mysql_error());
}
$selectdb=mysql_select_db("company",$conn);
If(!$selectdb){//判断数据选择是否成功
    die('数据库连接失败'.mysql_error());
}
```

5.1.4 mysql_query()函数

mysql_query()函数用于执行 MySQL 语句,执行成功时返回 TRUE,出错时返回 FALSE。

语法格式:

```
mysql_query(sql,conn)
```

参数说明如下。

- sql: 必选,指定 SQL 查询语句。
- conn: 可选,用于指定数据库连接标识符。如果未规定,则使用上一个打开的连接。

实例演示如下。

```
//查询语句
$sql="select * from news";
//执行查询语句,并将返回的结果集存于$result 变量中
$result=mysql_query($sql,$conn);
```

5.1.5　超全局变量 $ _POST 和 $ _GET

PHP 中常用的超全局的变量有 $ _POST 和 $ _GET,它们在一个脚本的全部作用域中都可用。

$ _POST 用于接收表单中使用 method="post" 方法提交的数据,例如:

```
<form action="" method="post">
    用户名:<input type="text" name="user" />
    <input type="submit" value="提交" />
</form>
你的用户名是:<?=$_POST['user']?>
```

$ _GET 用于接收表单使用 method="get" 方法提交的数据,例如:

```
<form action="" method="get">
    年龄:<input type="text" name="age" />
    <input type="submit" value="提交" />
</form>
你的用户名是:<?=$_GET['age']?>
```

5.1.6　mysql_fetch_array()函数

mysql_fetch_array()函数用于从结果集取得的行并生成数组,如果没有取得行,则返回 FALSE。

语法格式:

```
mysql_fetch_array(data,array_type)
```

参数说明如下。

- data:可选。规定要使用的数据指针,该数据指针通常是 mysql_query() 函数产生的结果。
- array_type:可选。规定返回哪种结果,可能的值如下。
    - MYSQL_ASSOC:表示关联数组。
    - MYSQL_NUM:表示数字数组。
    - MYSQL_BOTH:默认值,表示同时产生关联和数字数组。

5.1.7 mysql_num_rows()函数

mysql_num_rows()函数返回结果集中行的数目。

语法格式：

```
mysql_num_rows(data)
```

参数说明如下。

data 为 mysql_query() 返回的结果集。

注意：此命令仅对 SELECT 语句有效。要取得被 INSERT、UPDATE 或者 DELETE 查询所影响到的行的数目，用 mysql_affected_rows()。

5.1.8 isset()函数

isset()函数主要用于检测变量是否设置。

语法格式：

```
bool isset( mixed var [, mixed var [, ...]] )
```

函数说明如下。

- 若变量不存在，则返回 FALSE。
- 若变量存在且其值为 NULL，返回 FALSE。
- 若变量存在且值不为 NULL，则返回 TRUE。
- 如果已经使用 unset()释放了一个变量之后，它将不再是 isset()。
- 若使用 isset()测试一个被设置成 NULL 的变量，将返回 false，同时要注意的是一个 NULL 字节("\0")并不等同于 PHP 的 NULL 常数。

注意：isset()只能用于变量，因为传递任何其他参数都将造成解析错误。若想检测常量是否已设置，可使用 defined()函数。

5.1.9 session、$ _session 变量和 session_start()函数

1. session 简介

HTTP 协议是 Web 服务器与客户端(浏览器)相互通信的协议，它是一种无状态协议。所谓无状态，指的是不会维护 HTTP 请求数据，HTTP 请求是独立的、非持久的。而越来越复杂的 Web 应用，需要保存一些用户状态信息，这时候，session 这种方案应需而生。session 是很抽象的一个概念。当每个用户访问 Web，PHP 的 session 初始化函数都会给当前来访用户分配一个唯一的 session ID，并且在 session 生命周期结束的时候，将用户在此周期产生的 session 数据持续应用到 session 文件中。用户再次访问的时候，session 初始化函数，又会从 session 文件中读取 session 数据，开始新的 session 生命周期。

2. $_SESSION 变量

$_SESSION 是一个全局变量，类型是 Array，映射了 session 生命周期的 session 数据，寄存在内存中。在 session 初始化的时候，从 session 文件中读取数据，填入该变量中。在 session 生命周期结束时，将 $_SESSION 数据写回 session 文件。

3. session_start()函数

session_start()函数开始一个会话，它会初始化 session，也标识着 session 生命周期的开始。要使用 session，必须初始化一个 session 环境。有点类似于 OOP 概念中调用构造函数创建对象实例一样。session 初始化操作，声明一个全局数组 $_SESSION，映射寄存在内存的 session 数据。如果 session 文件已经存在，并且保存了 session 数据，session_start()则会读取 session 数据，填入 $_SESSION 中，开始一个新的 session 生命周期。

技巧：

在调用 session_start()之前不能有任何输出。若较多的页面使用 session，可以直接修改配置文件 php.ini，设置 session.auto_start=1，这样就不需要在使用 session 的每个页面写 session_start()。

5.1.10　require_once()函数

require_once()函数在脚本执行期间包含并运行指定文件（通俗地说，括号内的文件会执行一遍）。如果该文件中的代码已经被包含了，则不会再次包含。

5.1.11　Ajax 与 Web 交互

Ajax(Asynchronous JavaScript and XML，异步的 JavaScript 和 XML)不是新语言，而是一种使用现有标准的新方法，它是一种用于创建快速动态网页的技术，其最大的优点就是在不重新加载整个页面的情况下，可以与服务器交换数据并更新部分网页内容。图 5-2 为传统的 Web 应用交互过程，图 5-3 为 Ajax Web 应用交互过程。

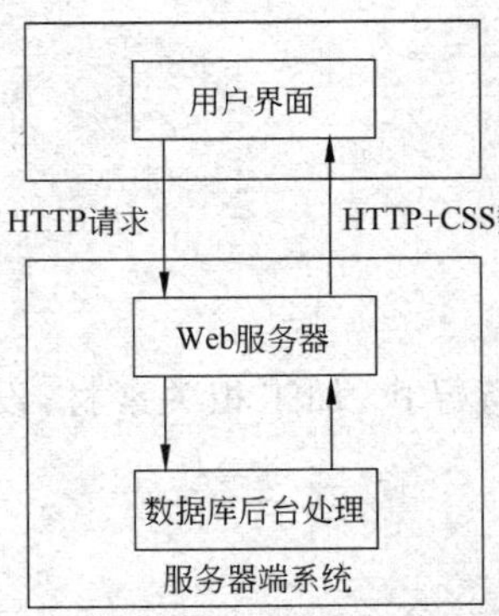

图 5-2　传统的 Web 应用交互过程

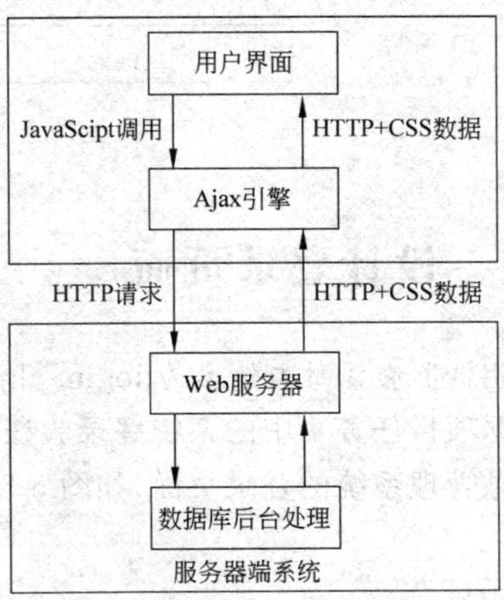

图 5-3　Ajax Web 应用交互过程

5.1.12　jQuery 中的 $.post()方法简介

$.post()是 jQuery 自带的一个方法，在项目的开发中应用非常广泛，它的语法格式如下：

```
$.post(url,data,callback,type);
```

参数说明如下。

- url(必须)：发送请求的地址。
- data(可选)：发送给服务器的数据，以 key/value 形式即 JSON 格式表示。
- callback(可选)：请求成功后的回调函数。
- type(可选)：客户端请求的类型(如 json、xml、text、html 等)。

5.2　任务实施

任务实现思路如图 5-4 所示。

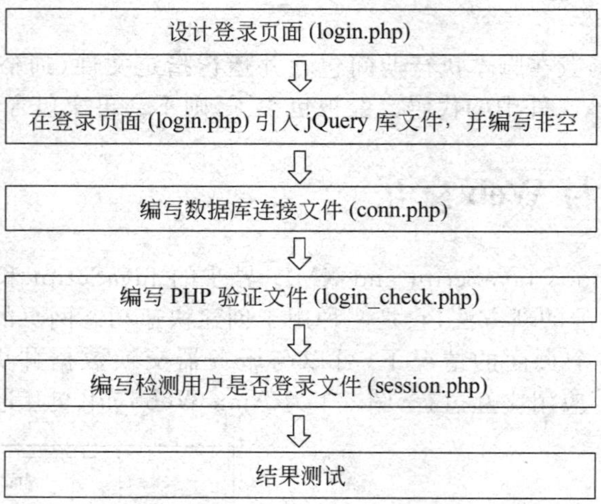

图 5-4　任务实现思路

5.2.1　设计登录页面

说明：登录页面文件名为 login.php。

根据项目任务 4 中的系统登录验证模块原型，自行寻找、加工相关素材，设计出学生基本信息管理系统的登录页面，如图 5-5 所示。

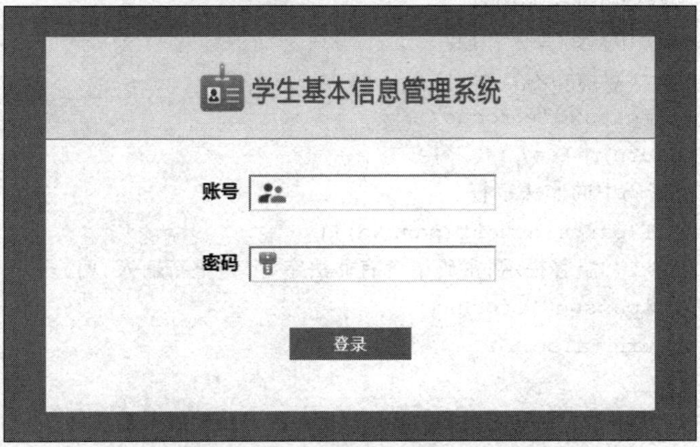

图 5-5　学生基本信息管理系统登录界面

此时该页面的代码如下：

```
<!DOCTYPE html PUBLIC "-//W3C//DTD XHTML 1.0 Transitional//EN" "http://www.w3.
org/TR/xhtml1/DTD/xhtml1-transitional.dtd">
<html xmlns="http://www.w3.org/1999/xhtml">
<head>
<meta http-equiv="Content-Type" content="text/html; charset=utf-8" />
<title>学生基本信息管理系统</title>
<!—引入 jquery 库文件-->
<script type="text/javascript" src="js/jquery-1.12.1.min.js"></script>
<script type="text/javascript">
$(document).ready(function(){
    //当单击“登录”按钮时触发的事件
    $(".btn").click(function(){
        //获取账号文本域的值
        var user=$("#user").val();
        //获取密码文本域的值
        var passwd=$("#passwd").val();
        //定义正则表达式对象,用于过滤非法字符
        var pattern =new RegExp("[~'!@#$%^&*()-+_=:]");
        //对账号进行非空判断
        if(user==""){
            alert("请输入账号!");
            $("#user").focus();
            return false;
        //过滤账号中的非法字符
        }else if(pattern.test(user)){
            alert("温馨提示:用户名中含有非法字符,请重新输入!");
            $("#user").focus();
            return false;
```

```
        //对密码进行非空判断
        }else if(passwd==""){
            alert('请输入密码!');
            $("#passwd").focus();
            return false;
        //过滤密码中的非法字符
        }else if(pattern.test(passwd)){
            alert("温馨提示:密码中含有非法字符,请重新输入!");
            $("#passwd").focus();
            return false;
        }else{
            /* 使用 jQuery 库中的$.post 方法异步提交数据至文件 login_check.php 进行
               验证,如果回调函数返回的值为 yes,说明验证通过,此时将跳转至系统的首页;
               否则说明验证不通过,将重新跳转至 login.php 页面
            */
            $.post("login_check.php",{user:user,passwd:passwd},function(data){
                if($.trim(data)=='yes'){
                    alert('登录成功!');
                    window.location.href='index.php';
                    return true;
                }else{
                    alert('你输入的账号或密码不正确!');
                    window.location.href='login.php';
                    return false;
                }
            },"text");//此处的 text 用于指定回调函数返回值的数据类型

        }
    });
});
</script>
<style type="text/css">
* {
    margin: 0px;
    padding: 0px;
}
a {
    text-decoration: none;
}
body {
    background: #159BDB;
}
.main {
    width: 600px;
```

```
    height: 370px;
    background: #FFF;
    margin-top: 100px;
    margin-left: auto;
    margin-right: auto;
}
.main .title {
    height: 100px;
    text-align: center;
    line-height: 100px;
    margin-bottom: 16px;
    border-bottom: 1px solid #999;
    background: #F3F3F3;
}
.main .title img {
    margin-top: 26px;
}
.main ul {
    list-style: none;
    height: 70px;
    width: 360px;
    margin: 0 auto;
}
.main ul li.txt {
    height: 70px;
    width: 70px;
    float: left;
    text-align: right;
    margin-right: 10px;
    line-height: 70px;
    font-size: 18px;
    font-weight: bold;
    font-family: 微软雅黑;
}
.main ul li.user input {
    height: 32px;
    line-height: 32px;
    width: 200px;
    margin-top: 19px;
    background: url(images/u.png) 5px center no-repeat;
    padding-left: 40px;
}
.main ul li.passwd input {
    height: 32px;
```

```
    line-height: 32px;
    width: 200px;
    margin-top: 19px;
    background: url(images/w.png) 5px center no-repeat;
    padding-left: 40px;
}
.main .btn {
    text-align: center;
}
.main .btn input {
    width: 120px;
    height: 32px;
    margin: 0 auto;
    line-height: 32px;
    background: #159BDB;
    color: #FFF;
    margin-top: 30px;
    font-weight: bold;
    border: 0px;
}
</style>
</head>
<body>
<div class="main">
    <div class="title"><img src="images/logo.png" width="296" height="48" />
        </div>
    <ul>
        <li class="txt">账号</li>
        <li class="user">
            <input type="text" name="user" id="user" />
        </li>
    </ul>
    <ul>
        <li class="txt">密码</li>
        <li class="passwd">
            <input type="password" name="passwd" id="passwd" />
        </li>
    </ul>
    <p class="btn">
        <input type="button" value="登     录" />
    </p>
</div>
</body>
</html>
```

5.2.2　编写数据库连接文件

说明：数据库连接文件的文件名为 conn. php。

在操作数据库数据之前，首先要与 MySQL 数据库服务器建立连接，并选择要操作的数据库。因为在后续的模块开发中，大部分页面需操作数据库的数据，因此，把连接数据库的代码写在单独的文件，然后使用 require_once( )函数将该文件引入即可，这样既可以避免代码的重复编写，又提高了工作效率，该文件的代码如下：

```
<?php
//使用 define 函数定义数据库服务器地址、用户名和密码等常量
define("HOST","localhost");
define("USER","root");
define("PASSWD","root");
//使用 mysql_connect()函数连接数据服务器
$conn=mysql_connect(HOST,USER,PASSWD);
//如果数据库连接失败,抛出错误信息
if(!$conn)
{
    die('Could not connect:' .mysql_error());
}
//选择所要操作的数据库
$dbselect=mysql_select_db("stusys",$conn);
//如果数据库选择失败,抛出错误信息
if(!$dbselect)
{
    die('Can\'t use DataBase:' .mysql_error());
}
//设置编码为 utf8
mysql_query("set names 'utf8'");
?>
```

5.2.3　编写用户登录验证文件

说明：登录验证文件名为 login_check. php。

该文件主要是对登录页面提交过来的账号和密码进行验证，若验证通过，则进入系统，否则弹窗提示账号或密码不正确并返回到登录页面，该文件代码如下：

```
<?php
session_start();//开启 session
header("Content-type:text/html; charset=utf-8");
require_once('conn.php');//引入数据库连接文件
```

```
$user=$_POST['user'];
$passwd=$_POST['passwd'];
//SQL 查询语句
$sql="select * from glyxxb where zh='".$user."' and mm='".$passwd."'";
//执行 SQL 语句
$result=mysql_query($sql);
if($result){
/* 计算结果集中记录的行数。如果$num>0,说明输入的账号和密码是正确的,此时,创建
   session 存储相应的值。同时,在本页面文件输出字符串 yes,否则输出字符串 no。
   本页面输出的字符串("yes 或 no")作为$.POST 提交数据回调函数的返回值
*/
$num=mysql_num_rows($result);
if ($num>0) {
    //从结果集中取出记录赋给变量$row
$row=mysql_fetch_array($result);
    $_SESSION['ischecked']="ok";
    $_SESSION['user']=$user;
    $_SESSION['glyid']=$row['id'];
    $_SESSION['js']=$row['js'];
    echo "yes";
    exit;
}else{
    echo "no";
    exit;
    }
}
//关闭数据库连接
mysql_close($conn);
?>
```

5.2.4 编写用户登录检测文件

说明:用户身份验证文件名为 session.php。

通过分析登录验证文件可知,若管理员输入的用户名和密码均正确的情况下,在进入系统之前需创建用户的会话信息,并以此作为检测用户访问系统的合法凭证。用户身份验证文件的代码如下:

```
<?php
//开启 session
session_start();
//检测用户是否登录,若没有登录则跳转到登录页面
if (!isset($_SESSION['ischecked'])){
    header("Location:login.php");
```

```
}
?>
```

5.3　经验传递

（1）须谨记，在使用 session 前应使用语句“session_start();”进行初始化，且该语句须放在页面最前位置。该语句前不能有任何输出(包括 BOM 头)。

（2）应学会产生验证码文件的应用。

（3）编写登录验证 PHP 文件时，建议融入安全思想。(请读者利用知识拓展中的相关知识加强登录验证安全性)

（4）从系统用户的角度，应过滤账号和密码前后的空格。

5.4　知识拓展

（1）PHP 加密函数——md5()。

（2）PHP 加密函数——Crypt()。

（3）关于 BOM 头。

提示：该部分内容请扫描二维码查看。

(1) 加密码函数 md5()　　(2) 加密函数 Crypt()　　(3) 关于 BOM 头

项目任务 6　开发系统框架模块

知识目标

（1）掌握＜frameset＞与＜frame＞标签的应用。

（2）了解常用网站后台结构框架。

（3）掌握 $_SERVER 常用参数的应用。

能力目标

（1）能够分析系统框架。

（2）能够设计开发系统的结构框架。

任务描述

本项目任务是设计开发后台框架，设计完成各子窗口所引入的页面文件以及约定系统各模块文件名。

6.1　知识准备

6.1.1　frameset 与 frame

1. frameset 标签

frameset 具有以下属性。

- border：设置框架的边框粗细。
- bordercolor：设置框架的边框颜色。
- frameborder：设置是否显示框架边框。设定值只有 0、1。0 表示不要边框，1 表示要显示边框。
- cols：纵向分割页面。其数值表示方法有 30％、30（或者 30px）和 ＊ 三种。数值的个数代表分成的视窗数目且数值之间用“，”隔开。“30％”表示该框架区域占全部浏览器页面区域的 30％；“30”表示该区域横向宽度为 30 像素；“＊”表示该区域占用余下页面空间。例如：cols＝"25％，200，＊" 表示将页面分为三部分，左面部分占页面 30％，中间横向宽度为 200 像素，页面余下的作为右面部分。

- rows：横向分割页面。数值表示方法及意义与 cols 相同。
- framespacing：设置框架与框架间保留的空白距离。

例 1：

```
<frameset cols="200, * " frameborder="no" border="0" framespacing="0">
```

以上代码中，使用 cols 属性纵向分割了左右两个子窗口，其中，左边子窗口的宽度为200，余下的宽度为右边子窗口的宽度。

例 2：

```
<frameset cols="40%, * , * ">
```

上述代码的意思是：第一个子窗口占页面宽度的 40%，剩下的平均分配给另外两个子窗口。

2. frame 标签

frame 具有以下的属性。

- name：设置框架的名称。此为必须设置的属性。
- src：设置此框架要显示的网页名称或路径。此为必须要设置的属性。
- scrolling：设置是否要显示滚动条。设定值为 auto、yes、no。
- bordercolor：设置框架的边框颜色。
- frameborder：设置是否显示框架边框。设定值只有 0、1。0 表示不要边框，1 表示要显示边框。
- noresize：设置框架大小是否能手动调节。
- marginwidth：设置框架边界和其中内容之间的宽度。
- marginhight：设置框架边界和其中内容之间的高度。
- width：设置框架宽度。
- height：设置框架高度。

3. iframe 标签

iframe 是浮动的框架(frame)，其常用属性与 frame 类似。它具有以下属性。

- align：设置垂直或水平对齐方式。
- allowTransparency：设置或获取对象是否透明。

例如：

```
< iframe name = "123" align = "middle" marginwidth = " 0" marginheight = 0 src = ""
frameborder="0" scrolling="no" width="776" height="2500"></iframe>
```

注意：iframe 标签与 frameset、frame 标签的验证方法不同，是 XHTML 1.0 Transitional。且 iframe 是放在 body 标签之内，而 frameset、frame 是放在 body 标签之外。

4. 综合示例

```
<html>
<head>
<title>综合示例</title>
</head>
<frameset cols="25%,*">
<frame src="menu.htm" scrolling="no" name="Left">
<frame src="page1.htm" scrolling="auto" name="Main">
<noframes>
<body>
<p>对不起,您的浏览器不支持"框架"!</p>
</body>
</noframes>
</frameset>
</html>
```

说明:<noframes></noframes>标志对也是放在<frameset></frameset>标志对之间,用来在那些不支持框架的浏览器中显示文本或图像信息。在此标志对之间先紧跟<body></body>标志对,然后才可以使用熟悉的任何标志。

6.1.2 常用网站后台结构框架

后台框架主要是把各个功能模块有序地组织起来,使得界面得体美观,功能的操作简单快捷,常用的框架有以下三种类型,分别如图 6-1～图 6-3 所示。

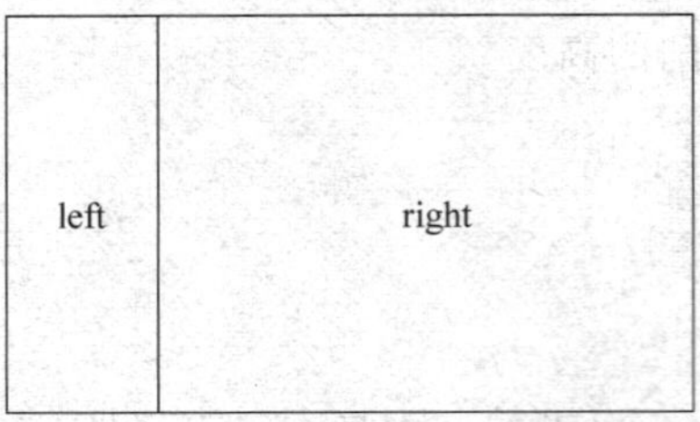

图 6-1 左右结构框架

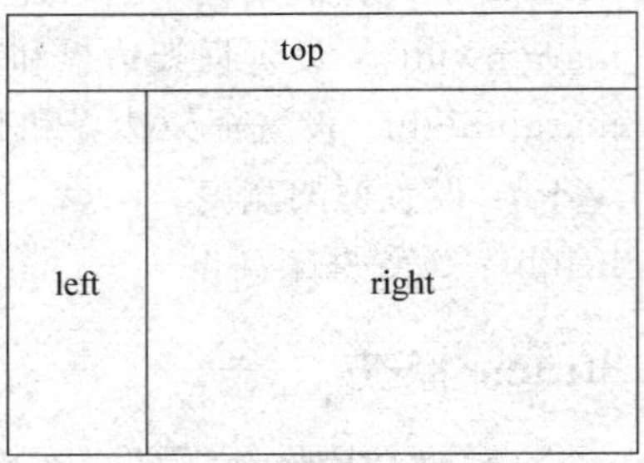

图 6-2 T 字形结构框架

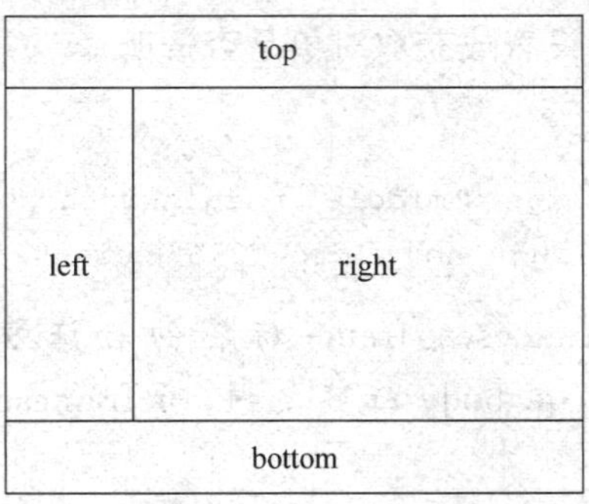

图 6-3 “匡”字形结构框架

在以上的三种结构中，left 版位用于显示功能操作菜单，right 版位用于具体功能操作区，top 版位用于输出网站 logo 或后台名称（如×××网站管理系统），bottom 版位通常用于输出版权类的信息。

6.1.3　PHP 中 $_SERVER 的详细参数与说明

$_SERVER 是预定义服务器变量的一种。所有 $_SERVER 开头的都是预定义服务变量。在 PHP 项目中，经常需要输出服务器的一些资料，表 6-1 为 $_SERVER 的详细参数。

表 6-1　$_SERVER 参数表

预定义服务变量	作　用
$_SERVER['PHP_SELF']	当前正在执行脚本的文件名，与 document root 相关
$_SERVER['argv']	传递给该脚本的参数
$_SERVER['argc']	包含传递给程序的命令行参数的个数（如果运行在命令行模式）
$_SERVER['GATEWAY_INTERFACE']	服务器使用的 CGI 规范的版本。例如，CGI/1.1
$_SERVER['SERVER_NAME']	当前运行脚本所在服务器主机的名称
$_SERVER['SERVER_SOFTWARE']	服务器标识的字串，在响应请求时的头部中给出
$_SERVER['SERVER_PROTOCOL']	请求页面时通信协议的名称和版本。例如，HTTP/1.0
$_SERVER['REQUEST_METHOD']	访问页面时的请求方法。例如：GET、HEAD、POST、PUT
$_SERVER['QUERY_STRING']	查询（query）的字符串
$_SERVER['DOCUMENT_ROOT']	当前运行脚本所在的文档根目录。在服务器配置文件中定义
$_SERVER['HTTP_ACCEPT']	当前请求的“Accept:”头部的内容
$_SERVER['HTTP_ACCEPT_CHARSET']	当前请求的“Accept-Charset:”头部的内容。例如：“iso-8859-1,*,utf-8”。
$_SERVER['HTTP_ACCEPT_ENCODING']	当前请求的“Accept-Encoding:”头部的内容。例如：gzip
$_SERVER['HTTP_ACCEPT_LANGUAGE']	当前请求的“Accept-Language:”头部的内容。例如：en
$_SERVER['HTTP_CONNECTION']	当前请求的“Connection:”头部的内容。例如：Keep-Alive
$_SERVER['HTTP_HOST']	当前请求的“Host:”头部的内容
$_SERVER['HTTP_REFERER']	链接到当前页面的前一页面的 URL 地址
$_SERVER['HTTP_USER_AGENT']	当前请求的“User-Agent:”头部的内容
$_SERVER['HTTPS']	如果通过 https 访问，则被设为一个非空的值（on），否则返回 off
$_SERVER['REMOTE_ADDR']	正在浏览当前页面用户的 IP 地址

续表

预定义服务变量	作　用
$_SERVER['REMOTE_HOST']	正在浏览当前页面用户的主机名
$_SERVER['REMOTE_PORT']	用户连接到服务器时所使用的端口
$_SERVER['SCRIPT_FILENAME']	当前执行脚本的绝对路径名
$_SERVER['SERVER_ADMIN']	管理员信息
$_SERVER['SERVER_PORT']	服务器所使用的端口
$_SERVER['SERVER_SIGNATURE']	包含服务器版本和虚拟主机名的字符串
$_SERVER['PATH_TRANSLATED']	当前脚本所在文件系统(不是文档根目录)的基本路径
$_SERVER['SCRIPT_NAME']	包含当前脚本的路径。这在页面需要指向自己时非常有用
$_SERVER['REQUEST_URI']	访问此页面所需的 URI。例如,/index.html

6.1.4 jQuery 中 mouseenter()和 mouseleave()方法

1. mouseenter()方法

mouseenter()方法主要用于触发 mouseenter 事件,或规定当发生 mouseenter 事件时运行的函数。

语法格式:

```
$(selector).mouseenter(function)
```

参数说明如下。

function 为可选参数。规定当发生 mouseenter 事件时运行的函数。

2. mouseleave()方法

mouseleave()方法主要用于当鼠标指针离开元素所触发的 mouseleave 事件,或规定当发生 mouseleave 事件时运行的函数。

```
$(selector).mouseleave(function)
```

参数说明如下。

function 为可选参数,规定当发生 mouseleave 事件时运行的函数。

6.2 任务实施

本任务的实现思路如图 6-4 所示。

1. 确定系统功能组织框架

通过分析,系统采用最常用的“匡”字形结构框架,每个子窗口初始化时输出的页面文

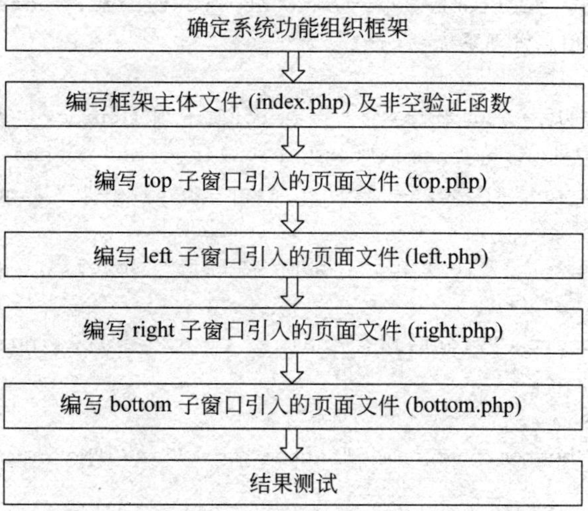

图 6-4　任务的实现思路

件如下：top 子窗口对应 top. php，left 子窗口对应 left. php，right 子窗口对应 right. php，bottom 子窗口对应 bottom. php。系统功能组织框架如图 6-5 所示。

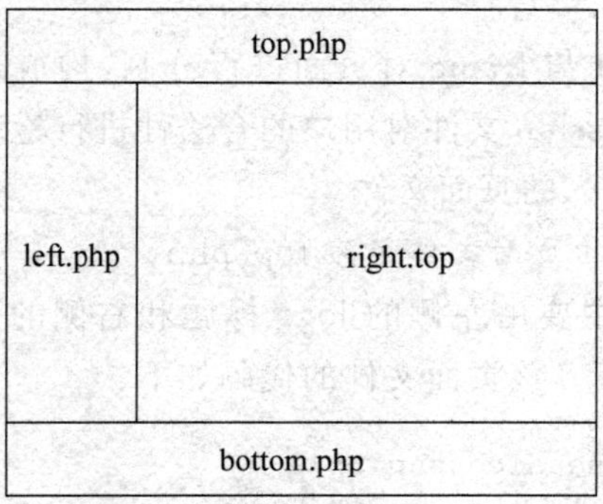

图 6-5　学生基本信息管理系统功能组织框架

2. 编写框架及子窗口输出的页面文件

(1) 编写框架的主体文件

说明：*框架主体文件名为 index. php。*

框架的主体文件的完整代码如下：

```
<?php
require_once('session.php');//引入 session 文件,用于检测用户是否登录
?>
<!DOCTYPE html PUBLIC "-//W3C//DTD XHTML 1.0 Frameset//EN" "http://www.w3.org/
TR/xhtml1/DTD/xhtml1-frameset.dtd">
<html xmlns="http://www.w3.org/1999/xhtml">
<head>
```

```
<meta http-equiv="Content-Type" content="text/html; charset=utf-8" />
<title>学生基本信息管理系统</title>
</head>
<frameset rows="101,*,30" cols="*" frameborder="No" border="0" framespacing="0">
    <frame src="top.php" name="top" scrolling="No" noresize="noresize"  />
    <frameset rows="*" cols="220,*" framespacing="0" frameborder="no"
    border="0">
        <frame src="left.php" name="left" scrolling="auto" noresize="
        noresize" />
        <frame src="right.php" name="right" scrolling="auto" noresize="
        noresize" />
    </frameset>
    <frame src="bottom.php" name="bottom" scrolling="No" noresize="noresize" />
</frameset>
<noframes>
<body>
</body>
</noframes>
</html>
```

上述代码利用 frameset 与 frame 对页面进行分割，构成了系统的主体页面结构，其中，第 2 行的作用是引入 session 文件对用户的合法性进行检测，防止非法用户访问系统。

(2) 编写 top 子窗口引入的页面文件

说明：top 子窗口引入的页面文件名为 top.php。

该子窗口引入的页面主要由左侧的 logo 标题和右侧的菜单组成，其中菜单项包括“首页”“修改密码”“退出”等。该页面文件的代码如下：

```
<?php require_once('session.php');?>
<!DOCTYPE html PUBLIC "-//W3C//DTD XHTML 1.0 Transitional//EN" "http://www.w3.
org/TR/xhtml1/DTD/xhtml1-transitional.dtd">
<html xmlns="http://www.w3.org/1999/xhtml">
<head>
<meta http-equiv="Content-Type" content="text/html; charset=utf-8" />
<title>学生基本信息管理系统</title>
<!—引入 jQuery 库文件-->
<script type="text/javascript" src="js/jquery-1.12.1.min.js"></script>
<!—引入退出系统的 js 文件-->
<script type="text/javascript" src="js/logout.js"></script>
<style type="text/css">
 * {
    margin: 0px;
    padding: 0px;
}
.top {
```

```
    height: 100px;
    background: #159BDB url(images/logo_w.png) 10px center no-repeat;
}
a {
    display: block;
    float: right;
    color: #FFF;
    text-decoration: none;
    font-size: 13px;
    text-align: center;
    height: 30px;
    line-height: 30px;
    margin-top: 65px;
    padding-left: 5px;
    padding-right: 5px;
}
a.logout {
    margin-right: 10px;
}
a:hover {
    background: #C00;
}
</style>
</head>
<body>
<div class="top">
    <a href="#" id="logout">退出</a>
    <a target="right" href="gly_modify.php?id=<?=$_SESSION["glyid"]?>" id="
modifypassword">修改密码</a>
    <a href="right.php" target="right">首页</a>
</div>
</body>
</html>
```

logout.js 文件主要采用了 jQuery 的 \$.get()方法，通过异步的方式请求退出系统文件 logout.php，并通过回调函数取得的返回值判断系统退出的结果。logout.js 代码如下：

```
$(document).ready(function(){
    $("#logout").click(function(){
        $.get("logout.php",function(data){
            if(data=='ok'){
                alert('退出成功!');
                window.parent.location.href='login.php';
            }else{
```

```
                alert('退出失败!');
                history.back();
            }
            },"text");
        });
});
```

该页面的效果如图 6-6 所示。

图 6-6　top 子窗口引入的页面效果

(3) 编写 left 子窗口引入的页面文件

说明：left 子窗口引入的页面文件名为 left.php。

为了系统功能操作的简捷性，采用树形结构来组织功能菜单，并约定相应的功能页面文件名。该页面文件的代码如下：

```
<?php
require_once('session.php');
?>
<!DOCTYPE html PUBLIC "-//W3C//DTD XHTML 1.0 Transitional//EN" "http://www.w3.
org/TR/xhtml1/DTD/xhtml1-transitional.dtd">
<html xmlns="http://www.w3.org/1999/xhtml">
<head>
<meta http-equiv="Content-Type" content="text/html; charset=utf-8" />
<title>学生基本信息管理系统</title>
<script type="text/javascript" src="js/jquery-1.12.1.min.js"></script>
<script type="text/javascript" src="js/logout.js"></script>
<script type="text/javascript">
$(document).ready(function(){
    $(".bclass").click(function(){
        $(this).next().slideToggle("fast");
    });
});
</script>
<style type="text/css">
* {
    margin: 0px;
    padding: 0px;
}
a {
    text-decoration: none;
    color: #FFF;
```

```
}
body {
    background: #159BDB;
}
.main {
    min-height: 400px;
    height: auto;
    background: #159BDB;
    padding-top: 10px;
    padding-bottom: 20px;
}
.main .cattitle {
    height: 40px;
    text-align: center;
    line-height: 40px;
    width: 95%;
    color: #FFF;
    font-weight: bold;
    margin: 0 auto;
    background: #1284BA;
}
.main .menu {
    width: 95%;
    margin: 0 auto;
}
.main .menu .bclass {
    height: 28px;
    line-height: 28px;
    color: #FFF;
    font-weight: 500;
    padding-left: 40px;
    font-size: 14px;
    background: url(images/row-r.png) 20px center no-repeat;
    cursor: default;
}
.main .menu .sclass {
    display: none;
}
.main .menu .sclass a {
    display: block;
    height: 26px;
    line-height: 26px;
    padding-left: 40px;
    font-size: 14px;
```

```
    background:url(images/row-d.png) 30px center no-repeat;
}
.main .menu .sclass a:hover {
    background:#1284BA url(images/row-dh.png) 30px center no-repeat;
}
</style>
</head>
<body>
<div class="main">
    <div class="cattitle">系统菜单</div>
    <!--首页菜单-->
    <div class="menu">
        <div class="bclass">
            <a href="right.php" target="right">首页</a>
        </div>
    </div>
    <!--管理员维护菜单-->
<?php
if($_SESSION['js']=='0'){ //若管理员的角色为超级管理员,则显示管理员信息维护模块
?>
    <div class="menu">
        <div class="bclass">管理员信息维护</div>
        <div class="sclass">
            <a href="gly_add.php" target="right">添加管理员</a>
            <a href="gly_list.php" target="right">管理员列表</a>
        </div>
    </div>
<?php
}
?>
<!--学院信息维护菜单-->
    <div class="menu">
        <div class="bclass">学院信息维护</div>
        <div class="sclass">
            <a href="xy_add.php" target="right">添加学院</a>
            <a href="xy_list.php" target="right">学院列表</a>
        </div>
    </div>
    <!--系部信息维护菜单-->
    <div class="menu">
        <div class="bclass">系部信息维护</div>
        <div class="sclass">
            <a href="xb_add.php" target="right">添加系部</a>
            <a href="xb_list.php" target="right">系部列表</a>
```

```
        </div>
    </div>
    <!--专业信息维护菜单-->
    <div class="menu">
        <div class="bclass">专业信息维护</div>
        <div class="sclass">
            <a href="zy_add.php" target="right">添加专业</a>
            <a href="zy_list.php" target="right">专业列表</a>
        </div>
    </div>
    <!--班级信息维护菜单-->
    <div class="menu">
        <div class="bclass">班级信息维护</div>
        <div class="sclass">
            <a href="bj_add.php" target="right">添加班级</a>
            <a href="bj_list.php" target="right">班级列表</a>
        </div>
    </div>
    <!--学生信息维护菜单-->
    <div class="menu">
        <div class="bclass">学生信息维护</div>
        <div class="sclass">
            <a href="xs_add.php" target="right">添加学生</a>
            <a href="xs_list.php" target="right">学生列表</a>
        </div>
    </div>
    <!--学生信息统计菜单-->
    <div class="menu">
        <div class="bclass">学生信息统计</div>
        <div class="sclass">
            <a href="tj_xx.php" target="right">学校招生走势图</a>
            <a href="tj_xy.php" target="right">二级学院招生情况</a>
            <a href="tj_syd.php" target="right">生源分布情况</a>
        </div>
    </div>
    <!--退出系统菜单-->
    <div class="menu">
        <div class="bclass">
            <a href="#" id="logout">退出</a>
        </div>
    </div>
</div>
</body>
</html>
```

该页面的效果图如图 6-7 所示。

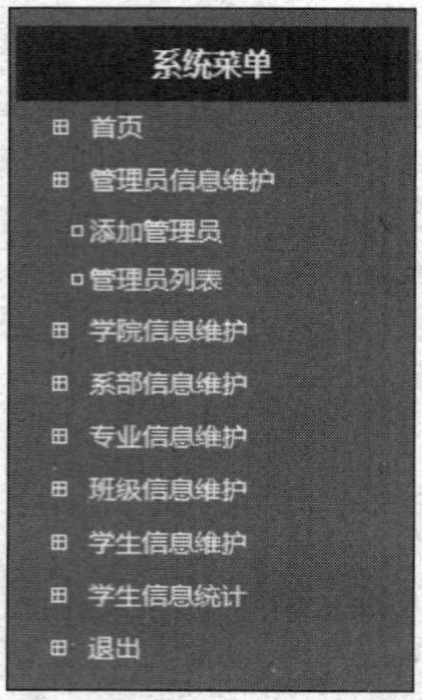

图 6-7　left 子窗口引入的页面效果

(4) 编写 right 子窗口引入的页面文件

说明：right 子窗口引入的页面文件名为 right. php。

该页面主要用于输出程序说明信息和快捷操作菜单，其中程序说明包括用户名、IP 地址、身份过期时间、现在时间、服务器域名、脚本解释引擎、PHP 运行方式、浏览器版本、服务器端口、系统类型及版本号等信息。常用操作包括添加学生信息、维护学生信息、学生数据统计(按生源、按学院、按入学年份)等，该页面文件的代码如下：

```
<?php
require_once('session.php');
?>
<!doctype html public "-//w3c//dtd xhtml 1.0 transitional//en" "http://www.w3.
org/tr/xhtml1/dtd/xhtml1-transitional.dtd">
<html xmlns="http://www.w3.org/1999/xhtml">
<head>
<meta http-equiv="content-type" content="text/html; charset=utf-8" />
<title>学生基本信息管理系统</title>
<script type="text/javascript" src="js/jquery-1.12.1.min.js"></script>
<script type="text/javascript">
/* 该 JavaScript 脚本的主要作用为:当把指针移至"学生信息统计"文本上时,滑出下拉框;当
   滑离时下拉框将收起来
*/
$(document).ready(function(){
    $("#student_tj").mouseenter(function(){
        $("#submenu").slideDown();
    });
    $("#student_tj").mouseleave(function(){
        $("#submenu").slideUp();
```

```
    });
});
</script>
<style type="text/css">
/*全局样式*/
a {
    text-decoration: none;
}
body {
    background-color: #eef2fb;
    margin: 0px;
}
/*程序说明样式*/
table {
    width: 95%;
    margin: 0 auto;
    border: 0px;
}
td {
    height: 23px;
    font-family: arial, helvetica, sans-serif;
    font-size: 12px
}
.title {
    height: 30px;
    line-height: 30px;
    text-align: left;
    font-weight: bold;
    font-size: 15px;
    border-bottom: 1px solid #333;
}
/*常用操作样式*/
.ofenuse {
    width: 95%;
    margin: 0 auto;
}
.ofenuse .usebox {
    height: 90px;
    width: 90px;
    border: 1px solid #CCC;
    margin-top: 20px;
    margin-left: 20px;
    float: left;
}
```

```
.ofenuse .usebox .menuimg {
    text-align: center;
    height: 50px;
    padding-top: 5px;
    border-bottom: 1px solid #ccc;
}
.ofenuse .usebox .txt {
    min-height: 34px;
    height: auto;
}
.ofenuse .usebox .txt a {
    display: block;
    height: 34px;
    line-height: 34px;
    color: #666;
    text-align: center;
    font-size: 12px;
    color: #333;
}
.ofenuse .usebox .txt a:hover {
    background: #09F;
    color: #FFF;
}
.ofenuse .usebox .txt #submenu {
    height: auto;
    background: #C30;
    display: none;
}
.ofenuse .usebox .txt #submenu a {
    height:auto;
    line-height: 25px;
    color: #FFF;
    border-bottom: 1px dotted #CCCCCC;
}
</style>
</head>
<body>
<!--程序说明-->
<table cellpadding="2" cellspacing="1">
    <tr>
        <td colspan="2" class="title">程序说明</td>
    </tr>
    <tr>
        <td width="53%">用户名:
```

```
            <?=$_SESSION["user"]?>
        </td>
        <td width="47%">ip:
            <?=$_SERVER['REMOTE_ADDR']?>
        </td>
    </tr>
    <tr>
        <td width="53%">身份过期:
            <?=ini_get('session.gc_maxlifetime')?>
        </td>
        <td width="47%">现在时间:
            <?php date_default_timezone_set('prc');echo date("y-m-d h:i:s");?>
        </td>
    </tr>
    <tr>
        <td width="53%">服务器域名:
            <?=$_SERVER["HTTP_HOST"]?>
        </td>
        <td width="47%">脚本解释引擎:
            <?=$_SERVER['SERVER_SOFTWARE']?>
        </td>
    </tr>
    <tr>
        <td>获取 php 运行方式:
            <?=php_sapi_name()?>
        </td>
        <td>浏览器版本:
            <?=$_SERVER['HTTP_USER_AGENT']?>
        </td>
    </tr>
    <tr>
        <td>服务器端口:
            <?=$_SERVER['SERVER_PORT']?>
        </td>
        <td>系统类型及版本号:
            <?=php_uname()?>
        </td>
    </tr>
</table>
<br />
<!--常用操作-->
<div class="ofenuse">
    <div class="title">常用操作</div>
    <div class="usebox">
```

```
            <div class="menuimg">
                <img src="images/student_add.png" width="48" height="48" border="0" />
            </div>
            <div class="txt"><a href="xs_add.php" target="right">添加学生信息</a>
           </div>
        </div>
        <div class="usebox">
            <div class="menuimg">
                <img src="images/student_list.png" width="48" height="48" border="0" />
            </div>
            <div class="txt"><a href="xs_list.php" target="right">维护学生信息</a>
            </div>
        </div>
        <div class="usebox">
            <div class="menuimg">
                <img src="images/student_tj.png" width="48" height="48" border="0" />
            </div>
            <div class="txt" id="student_tj">
                <a href="xs_list.php" target="right">学生信息统计</a>
                <div id="submenu"><a href="tj_syd.php">学校招生走势图</a>
                    <a href="tj_xy.php">二级学院招生情况学院</a>
                    <a href="tj_xx.php">生源分布情况</a></div>
                </div>
            </div>
    </div>
    </body>
    </html>
```

该页面文件的效果如图 6-8 所示。

图 6-8 right 子窗口引入的页面效果

(5) 编写 bottom 子窗口引入的页面文件

说明：bottom 子窗口引入的页面文件名为 bottom.php。

该文件的代码如下：

```
<?php
require_once('session.php');
?>
<!DOCTYPE html PUBLIC "-//W3C//DTD XHTML 1.0 Transitional//EN" "http://www.w3.org/TR/xhtml1/DTD/xhtml1-transitional.dtd">
<html xmlns="http://www.w3.org/1999/xhtml">
<head>
<meta http-equiv="Content-Type" content="text/html; charset=utf-8" />
<title>学生基本信息管理系统</title>
<style type="text/css">
* {
    margin: 0px;
    padding: 0px;
}
.bottom {
    background: #159BDB;
    height: 30px;
    line-height: 30px;
    text-align: center;
    font-size: 12px;
    color: #FFF;
    margin-top: 1px;
}
</style>
</head>
<body>
<div class="bottom">Copyright &copy; 林龙健 2018-2020  All Rights Reserved.
</div>
</body>
</html>
```

该页面的效果如图 6-9 所示。

图 6-9　bottom 子窗口引入的页面效果

至此，系统框架模块设计开发完成，效果如图 6-10 所示。

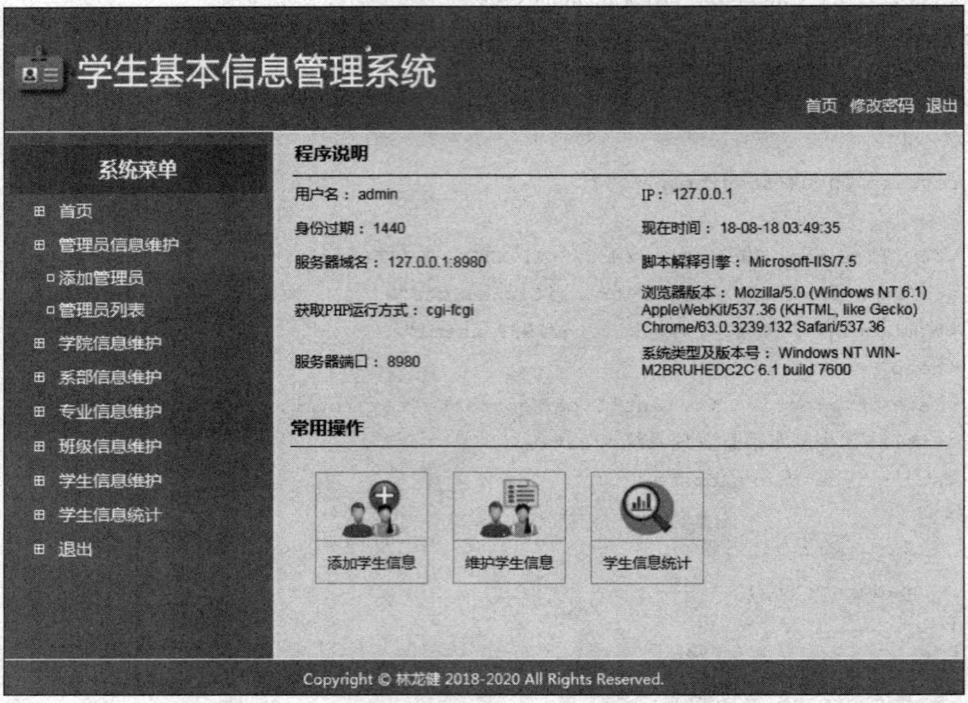

图 6-10　系统框架模块效果图

6.3 经验传递

在项目的设计与开发中，可以使用从互联网上下载的系统框架模板进行“本地化”后再应用到实际的项目中。

6.4 知识拓展

免费模板网：http：//www. wangjie. org/

项目任务 7　开发管理员维护模块

知识目标

(1) 掌握 jQuery 中的 $.ajax()、html()、text()和 val()方法的应用。

(2) 掌握 PHP 中 json_encode()、ceil()等函数的应用。

(3) 掌握 MySQL 中 LIMIT 子句的用法。

(4) 理解分页原理。

(5) 掌握 while 循环语句的应用。

(6) 巩固 PHP 对数据库记录的基本操作。

能力目标

(1) 能够设计开发管理员维护模块。

(2) 养成良好的代码编写习惯。

(3) 培养严谨的思维能力和敬业的工作态度。

任务描述

本项目任务是根据数据库管理员数据表，利用 PHP、MySQL、jQuery 等相关知识设计开发管理员维护模块。

7.1　知识准备

7.1.1　jQuery 中的 $.ajax()方法

$.ajax()方法是 jQuery 底层的 Ajax 实现，使用该方法能够达到异步更新的效果，只需要进行少量的数据交互便可实现页面的局部刷新。$.get()、$.post()、load()、$.getJSON()、$.getScript()等方法都是 $.ajax()方法的简化形式(即都调用该函数，只是参数设置有所不同或有所省略)。该方法的语法格式如下：

```
jQuery.ajax( url [, settings ] )
```

参数说明见表 7-1。

表 7-1 $.ajax()方法中参数的说明

参数	描 述
url	要求为 String 类型的参数,用于发送请求的地址(默认为当前页地址)
settings	可选,属于 Object 类型,其中的每个属性用来指定发送请求所需的额外参数设置

参数 settings 是一个 Object 对象。jQuery.ajax()可以识别该对象的以下属性(它们都是可选的)。

- type: String 类型,用于设置请求方式为 post 或 get(默认为 get)。
- timeout: Number 类型,用于设置请求超时时间(毫秒)。需要注意的是,此设置将覆盖 $.ajaxSetup()方法的全局设置。
- async: Boolean 类型,默认设置为 true,用于设置所有请求是否为异步请求。
- cache: Boolean 类型,默认为 TRUE[当 dataType 为脚本(script)时,默认为 FLASE];若设置为 FALSE,将不会从浏览器缓存中加载请求信息。
- data: Object 或 String 类型,表示发送到服务器的数据。
- dataType: String 类型,表示预期服务器返回的数据类型。如果不指定,JQuery 将自动根据 HTTP 包中的 mime 信息返回 responseXML 或 responseText,并作为回调函数参数传递。可用的类型有 xml、html、script、json、jsonp。
- beforeSend: Function 类型,用于设置发送请求前修改 XMLHttpRequest 对象的函数。
- complete: Function 类型,表示请求完成后调用的回调函数(请求成功或失败时均调用)。
- success: Function 类型,表示请求成功后调用的回调函数,并返回 data 和 textStatus 两个参数。
- error: Function 类型,表示请求失败时被调用的函数。该函数有 3 个参数,即 XMLHttpRequest 对象、错误信息、捕获的错误对象(可选)。
- contentType: String 类型,用于设置发送信息至服务器时的内容编码类型(默认为"application/x-www-form-urlencoded")。
- dataFilter: Function 类型,给 Ajax 返回的原始数据进行预处理的函数,提供 data 和 type 两个参数。data 是 Ajax 返回的原始数据,type 是调用 jQuery.ajax 时提供的 dataType 参数。
- global: Boolean 类型,默认为 true,表示是否触发全局 Ajax 事件。设置为 false,将不会触发全局 Ajax 事件,ajaxStart 或 ajaxStop 可用于控制各种 Ajax 事件。
- ifModified: Boolean 类型,默认为 false,仅用于在服务器数据改变时获取新数据。服务器数据改变判断的依据是 Last-Modified 头信息。默认值是 false,即忽略头信息。
- jsonp: String 类型,在一个 jsonp 请求中重写回调函数的名字。该值用来代替在"callback=?"这种 GET 或 POST 请求中 URL 参数里的 callback 部分。
- username: String 类型,用于响应 HTTP 访问认证请求的用户名。

- password：String 类型，用于响应 HTTP 访问认证请求的密码。
- processData：Boolean 类型，默认为 TRUE。默认情况下，发送的数据将被转换为对象(从技术角度来讲并非字符串)以配合默认内容类型 application/x-www-form-urlencoded。如果要发送 DOM 树信息或者其他不希望转换的信息，请设置为 FALSE。
- scriptCharset：String 类型，只有当请求时 dataType 为"jsonp"或者"script"，并且 type 是 GET 时，才会用于强制修改字符集(Charset)。通常在本地和远程的内容编码中不同时使用。

7.1.2　jQuery 中的.html()、text()和 val()方法

jQuery 提供了用于对元素的 HTML 结构和元素文本内容操作的多种方法，比如给已存在的元素的内部或元素的前后增加新元素；用一个元素代替另一个元素；读取或者修改一个元素的内容或结构。以下是 jQuery 中常用的对元素的结构、内容进行操作的方法。

1. .html()方法

jQuery 中的.html()方法用于读取和修改元素的 HTML 的内容。

例 1：读取元素的 HTML 内容。

HTML 代码如下。

```
<p>我是第 1 个段落 P。</p>
<p>我是第 2 个段落 P。</p>
<button class="btn1">读取 P 标签的内容</button>
```

jQuery 代码如下。

```
$(document).ready(function(){
    $(".btn1").click(function(){
        alert($("p").html());
    });
});
```

页面运行结果如图 7-1 所示。

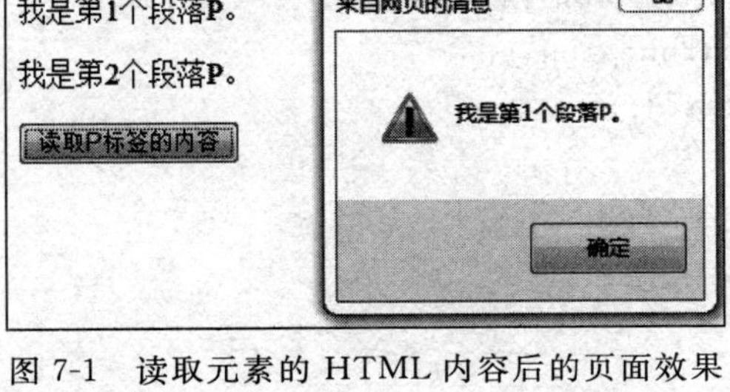

图 7-1　读取元素的 HTML 内容后的页面效果

从页面的结果可知，使用该方法读取元素的 HTML 内容时，它只会返回第一个匹配元素的 HTML 内容。

例 2：修改元素的 HTML 内容。

HTML 代码如下。

```
<input type="text">
<span id="tip">请输入内容。</span><br /><br />
<button class="btn1">修改元素的内容</button>
```

jQuery 代码如下。

```
$(document).ready(function(){
    $(".btn1").click(function(){
        $("#tip").html("<b>内容</b>不正确。");
    });
});
```

在该页面中单击"修改元素的内容"按钮前后的效果对比如图 7-2 所示。

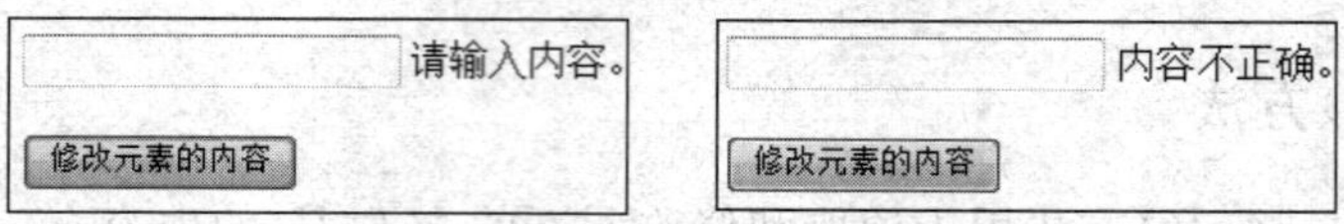

图 7-2　修改元素的 HTML 内容前后的页面效果对比

2. text()方法

text()方法用于设置或返回被选元素的文本内容，当用于返回内容时，则返回所有匹配元素的文本内容(会删除 HTML 标记)；当用于设置内容时，则重写所有匹配元素的内容。

例 3：使用 text()方法读取被选元素的文本内容。

HTML 代码如下。

```
<p>这是第 1 段。</p>
<p>这是第 2 段。</p>
<button class="btn1">取得 P 元素的文本内容</button>
```

jQuery 代码如下。

```
$(document).ready(function(){
  $(".btn1").click(function(){
    Alert($("p").text());
  });
});
```

页面运行结果如图 7-3 所示。

图 7-3　读取元素的文本内容后的页面效果

例 4：使用 text()方法修改被选元素的文本内容。

HTML 代码如下。

```
<p>这是第 1 段。</p>
<p>这是第 2 段。</p>
<button class="btn1">设置所有 P 元素的文本内容</button>
```

jQuery 代码如下。

```
$(document).ready(function(){
$(".btn1").click(function(){
        $("p").text("Hello world!");
    });
});
```

该页面单击“设置所有 P 元素的文本内容”按钮前后的效果对比如图 7-4 所示。

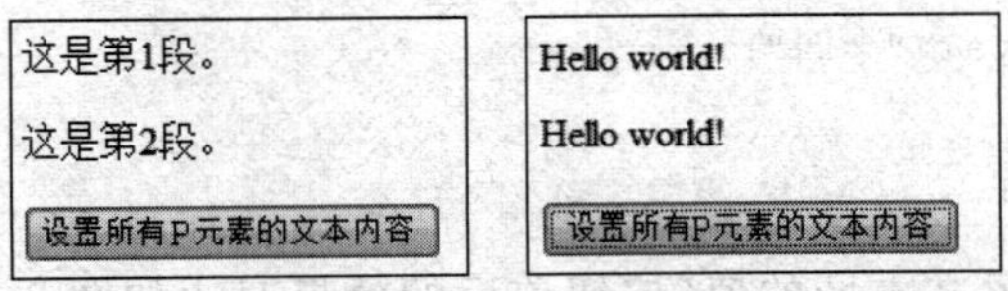

图 7-4　使用 text()方法修改被选元素的文本内容前后页面效果的对比

3. val()方法

val()方法用于读取和修改一个表单元素的 value 字段值。该方法大多用于 input 元素。如果该方法未设置参数，则返回被选元素的当前值。

例 5：使用 val()方法读取被选元素的文本内容。

HTML 代码如下。

```
<input type="text" id="xm" value="张三" />
<button class="btn1">获取文本域的值</button>
```

jQuery 代码如下。

```
$(document).ready(function(){
    $(".btn1").click(function(){
```

```
        alert($("#xm").val());
    });
});
```

在该页面单击"获取文本域的值"按钮后的运行结果如图 7-5 所示。

图 7-5　使用 val()方法读取被选元素的文本内容后的页面效果

例 6：使用 val()方法修改被选元素的文本内容。

HTML 代码如下。

```
<input type="text" id="xm" value="" />
<button class="btn1">设置文本域的值</button>
```

jQuery 代码如下。

```
$(document).ready(function(){
    $(".btn1").click(function(){
        $("#xm").val("李四");
    });
});
```

在该页面单击"设置文本域的值"按钮前后的效果对比如图 7-6 所示。

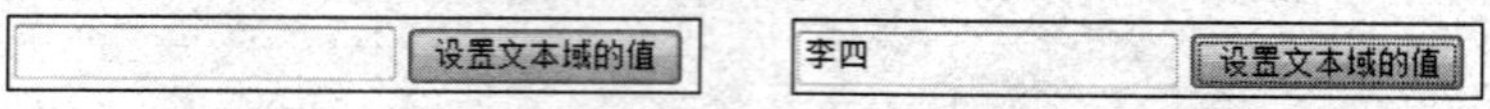

图 7-6　使用 val()方法设置文本域的值前后页面效果的对比

7.1.3　PHP 中的 json_encode()函数

json_encode()函数是 PHP 的内置函数，用于对变量进行 json 编码。该函数如果执行成功，则返回 json 数据；否则返回 FALSE。

例 7：将 PHP 数组转换为 json 格式数据。

PHP 代码如下。

```
<?php
    $arr =array('a' =>1, 'b' =>2, 'c' =>3, 'd' =>4, 'e' =>5);
```

```
    echo json_encode($arr);
?>
```

以上代码的执行结果为：

```
{"a":1,"b":2,"c":3,"d":4,"e":5}
```

例 8：将 PHP 对象转换为 json 格式数据。

PHP 代码如下。

```
<?php
    class Emp {
        public $name ="";
        public $hobbies  ="";
    }
    $e =new Emp();
    $e->name ="sachin";
    $e->hobbies  ="sports";
    echo json_encode($e);
?>
```

以上代码的执行结果为：

```
{"name":"sachin","hobbies":"sports"}
```

7.1.4　PHP 中的 ceil()函数

ceil()函数为向上舍入为最接近的整数。

语法格式如下：

```
ceil(x)
```

参数说明：

x 为必设参数，返回不小于 x 的下一个整数。x 如果有小数部分则进一位。该函数返回的类型为 float。

实例示演：

```
<?php
echo(ceil(0.60);       //该行代码输出的结果为 1
echo(ceil(0.40);       //该行代码输出的结果为 1
echo(ceil(5);          //该行代码输出的结果为 5
echo(ceil(5.1);        //该行代码输出的结果为 6
echo(ceil(-5.1);       //该行代码输出的结果为-5
echo(ceil(-5.9));      //该行代码输出的结果为-5
?>
```

7.1.5 MySQL 中的 LIMIT 用法

使用查询语句的时候，经常要返回前几条或者中间某几行数据，LIMIT 子句可以被用于强制 SELECT 语句返回指定的记录。LIMIT 接受一个或两个数字的参数。参数必须是一个整数常量。如果给定两个参数，第一个参数指定第一个返回记录行的偏移量，第二个参数指定返回记录行的数目。

语法格式如下：

```
SELECT * FROM table LIMIT [offset,] rows | rows offset
```

使用方法说明如下。

用法一：如果 LIMIT 后跟着两个参数，第一个是偏移量，第二个是数目，举例如下。

```
SELECT * FROM employee LIMIT 3, 7;          //返回第 4~11 行
SELECT * FROM employee LIMIT 3,1;           //返回第 4 行
```

用法二：若是一个参数，则表示返回前几行，举例如下。

```
SELECT * FROM employee LIMIT 3;             //返回前 3 行
```

7.1.6 关于分页

通常客户端从服务器端读取的数据都是以分页的形式来显示，一页一页地阅读既方便又美观，因此，写分页程序是 Web 开发的一个重要组成部分，以下为读者讲解分页的相关知识。要对记录进行分页，首先要弄清楚以下几个参数。

1. 记录总数

记录总数即所查询的记录的条数，常用的方法有两种。以下以查询学生信息表 student 为例进行说明。

方法一：直接查询 student 表，并利用 SQL 的 count()函数统计记录数并返回，代码如下。

```
$record_total=mysql_query("SELECT count(*)  FROM student");
```

方法二：使用 mysql_num_rows()函数实现，代码如下。

```
$record_total=mysql_num_rows(mysql_query("SELECT * FROM student"));
```

2. 每页显示的记录数

该记录数可以自定义，代码如下。

```
$pagesize=10;                               //设置每页输出的记录为 10 条
```

3. 总页数

根据上述两个已知变量得知，总页数是等于总记录数除每页的记录数，细心的读者会发现，总页数会出现小数的情况。例如，总记录数为18，每页显示的记录数为10，按照前面的计算方法得出的结果为1.8页。在出现小数的情况下，只需使用ceil()函数向上舍入为最接近的整数即可，即总页数为2。由上述的分析可得，计算总页数的公式为：

总页数＝ceil(总记录数/每页的记录数)

因此，计算学生信息表student记录的总页数的代码为：

```
$page_total=ceil($record_total/$pagesize);
```

4. 当前页数

当前的页数通常用变量$page来表示，但是要注意以下情况。

情况一：如果当前变量 $page值为空或小于1时，应强制给$page变量赋值为最小页码，参考代码如下。

```
$page=(empty($_GET['page']) || $_GET['page']<1)?1:$_GET['page'];
```

情况二：如果当前变量$page的值大于总页数，则应强制给$page变量赋值为最大页码，代码如下。

```
if($_GET['page'>$page_total){
    $page=$page_total;
}
```

情况三：为了防止$page变量值为非数字类型，应对$page变量进行强制转换为整型，参考代码如下。

```
$page=(int)$page;
```

5. 偏移量

偏移量是理解分页原理的关键，它是指输出当前页记录的时候，应从结果集的哪一条记录开始输出，并输出$pagesize条，SQL语句的LIMIT用法恰好能解决该问题。

通常用$offset变量表示偏移量，其计算的方法为：

$offset＝($page－1) * $pagesize;

例如，要查询学生信息表student并进行分页，则SQL查询语句应为：

```
$sql="SELECT * FROM student LIMIT $offset,$pagesize";
```

6. 首页、上一页、下一页、尾页

为了方便对分页的浏览，通常会引入“首页、上一页、下一页、尾页”分页导航。

- 首页：即页码为1。
- 上一页：这里要考虑的情况是若当前页码为1时，上一页就不应为0而强制为1；若当前的页码不为1时，上一页就应该是当前页码减1(或使链接失效)，参考代码如下。

```
$prepage=($page<>1)?$page-1:$page;
```

- 下一页：这里要考虑的情况是若当前页码为最后一页时(即当前页码为$page_total)，下一页就不应为当前页加1，而应强制设置为最大页码数(或使链接失效)，参考代码如下。

```
$nextpage=($page<>$page_num)?$page+1:$page;
```

- 尾页：即页码为总页数$page_total。

7.1.7 while 循环语句

while 循环是 PHP 中最简单的循环类型，它和 C 语言中的 while 表现一样，只要指定的条件为真，while 循环就会执行代码块，其语法如下：

```
while (expr){
    要执行的代码块;
}
```

或者可以使用替代语法：

```
while (expr):
    要执行的代码块;
endwhile;
```

在执行 while 循环语句时，条件表达式的值在每次开始循环时都会进行检查，只要条件表达式的值为 TRUE 就重复执行循环体，否则会终止循环。

下面两个例子完全一样，都显示10行“这是文章标题”文本。

例9：

```
<?php
$i =1;
while ($i <=10){
    echo "这是第".$i."条文章标题<br />";
    $i++;
}
?>
```

例10：

```
<?php
$i =1;
```

```
while ($i <=10):
    echo "这是第".$i."条文章标题<br />";
    $i++;
endwhile;
?>
```

上述两个例子运行的结果如图 7-7 所示。

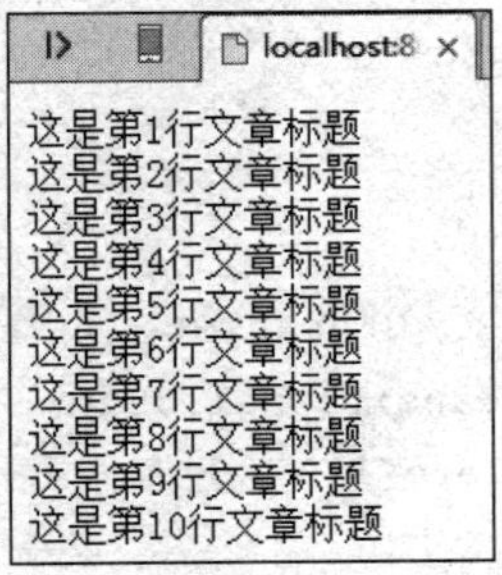

图 7-7　while 循环实例的运行结果

7.2　任务实施

本任务的实现思路如图 7-8 所示。

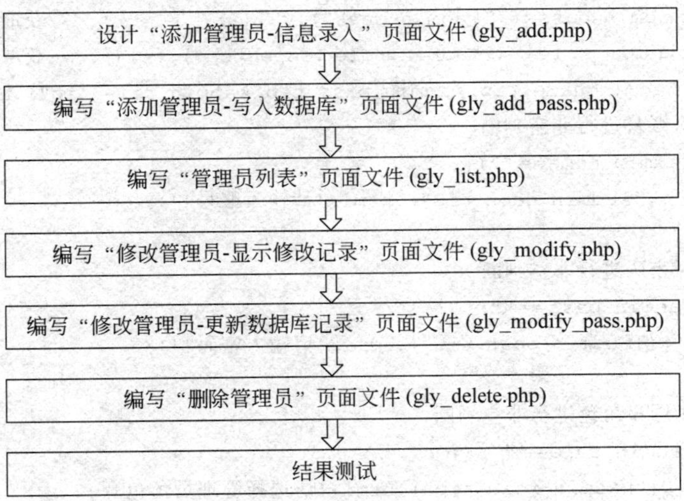

图 7-8　任务实现思路

管理员维护模块主要由添加管理员、输出管理员列表、修改管理员和删除管理员四个功能操作组成，以下将详细讲解每个功能操作的实现。

7.2.1 添加管理员

1. 设计“添加管理员-信息录入”页面文件

说明:“添加管理员-信息录入”页面文件的文件名为 gly_add.php。

该页面文件的代码如下:

```
<?php
require_once('session.php');
?>
<!DOCTYPE html PUBLIC "-//W3C//DTD XHTML 1.0 Transitional//EN" "http://www.w3.
org/TR/xhtml1/DTD/xhtml1-transitional.dtd">
<html xmlns="http://www.w3.org/1999/xhtml">
<head>
<meta http-equiv="Content-Type" content="text/html; charset=utf-8" />
<title>学生基本信息管理系统</title>
<link href="css/table.css" rel="stylesheet" type="text/css" />
<script type="text/javascript" src="js/jquery-1.12.1.min.js"></script>
<script type="text/javascript">
$(document).ready(function(){
$("#button1").click(function(){
        var admin_name=$("#admin_name").val();             //获取账号的值
        var admin_pass=$("#admin_pass").val();             //获取密码的值
        var admin_role=$("#admin_role :selected").val();  //获取管理角色的值
        $("#admin_name_tip,#admin_pass_tip,#admin_role_tip").html('');
        //对账号进行非空判断
        if(admin_name==""){
            $("#admin_name_tip").html('请输入账号!');
        }
        //对密码进行非空判断
        if(admin_pass==""){
            $("#admin_pass_tip").html('请输入密码!');
        }
        //对用户角色进行非空判断
        if(admin_role==""){
            $("#admin_role_tip").html('请选择管理员角色!');
        }
        /*账号、密码、角色都不为空时,采用 Ajax 方式提交数据,实现上采用 jQuery 的 post()
          方法,通过回调函数返回的 json 数据:
          (1)若数据中带有 admin_name=="exist" 项,说明账号已存在。
          (2)若数据中带有 data.pass=="yes"项,说明添加成功,并弹出成功提示;否则表
          示添加失败
        */
```

```
        if(admin_name!="" && admin_pass!="" && admin_role!=="") {
        $.post("gly_add_pass.php",{admin_name:admin_name,admin_pass:admin_
        pass,admin_role:admin_role},function(data){
            //判断账号是否已存在
            if(data.admin_name=="exist"){
                $("#admin_name_tip").html('该账号已存在');
            }
            //判断添加是否成功
            if(data.admin_name!="exist" && data.pass=="yes"){
                alert('添加成功!');
                window.location.href='gly_list.php';
            }else{
                alert('添加失败!');
            }
        },"json");                        //指定回调函数返回的数据类型为json类型
        }
        });
    });
</script>
</head>
<body>
  <table width="100%" height="172" border="1" cellpadding="0" cellspacing="0">
    <tr>
      <td class="tt" colspan="6">添加管理员</td>
    </tr>
    <tr>
      <td width="18%" height="35"><span class="start">*</span>账号</td>
      <td width="82%" colspan="5">
    <input name="admin_name" id="admin_name" type="text"  size="30" />
    <span id="admin_name_tip" class="start"></span></td>
    </tr>
    <tr>
      <td height="35"><span class="start">*</span>密码</td>
      <td colspan="5">
        <input name="admin_pass" type="password" id="admin_pass" size="30" />
        <span id="admin_pass_tip" class="start"></span>
      </td>
    </tr>
    <tr>
      <td height="35"><span class="start">*</span>角色</td>
      <td colspan="5"><label for="admin_role"></label>
        <select name="admin_role" id="admin_role">
          <option value="">--请选择--</option>
          <option value="1">普通管理员</option>
```

```
          </select>
          <span id="admin_role_tip" class="start"></span>
        </td>
      </tr>
      <tr>
        <td height="35" colspan="6"><input type="button" name="button1" id="
        button1" value="提交" /></td>
      </tr>
    </table>
</body>
</html>
```

该页面的效果如图 7-9 所示。

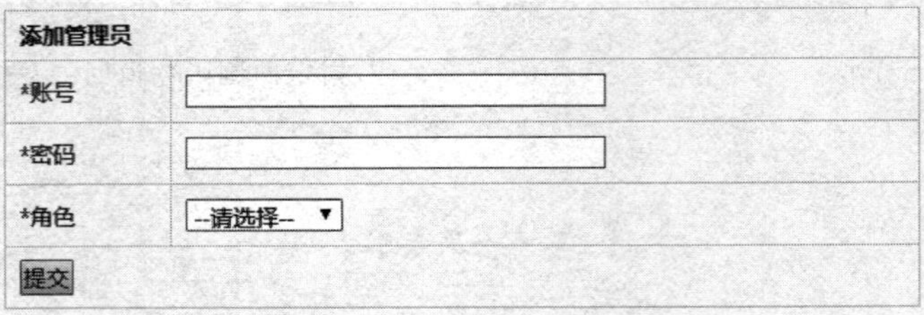

图 7-9 “添加管理员-信息录入”页面效果

2. 编写“添加管理员-写入数据库”页面文件

说明：“添加管理员-写入数据库”页面文件的文件名为 gly_add_pass. php。

该页面文件的代码如下：

```
<?php
require_once('session.php');
require_once('conn.php');
mysql_query("set names 'utf8'");
$admin_name=$_POST['admin_name'];
$admin_pass=$_POST['admin_pass'];
$admin_role=$_POST['admin_role'];
$admin_name_num=mysql_num_rows(mysql_query("select * from glyxxb where zh='".
$admin_name."'"));
if($admin_name_num>0){
    $arr['admin_name']="exist";
}
if($admin_name_num==0){
    if(mysql_query("insert into glyxxb(zh,mm,js) values('".$admin_name."',
'".$admin_pass."','".$admin_role."');")){
        $arr['pass']="yes";
    }
```

```
}
//将数组$arr 转换成 json 格式后输出
echo json_encode($arr);
mysql_close($conn);
?>
```

7.2.2　输出管理员列表

说明：输出管理员列表的页面文件名为 gly_list.php。

该页面文件的代码如下：

```
<?php
require_once('session.php');
require_once('conn.php');
?>
<!DOCTYPE html PUBLIC "-//W3C//DTD XHTML 1.0 Transitional//EN" "http://www.w3.
org/TR/xhtml1/DTD/xhtml1-transitional.dtd">
<html xmlns="http://www.w3.org/1999/xhtml">
<head>
<meta http-equiv="Content-Type" content="text/html; charset=utf-8" />
<title>学生基本信息管理系统</title>
<link href="css/table.css" rel="stylesheet" type="text/css" />
<script type="text/javascript" src="js/jquery-1.12.1.min.js"></script>
<script type="text/javascript">
//无刷新删除学院信息函数
function gly_delete(id){
    $.ajax({
        type:"POST",
        url:"gly_delete.php",
        dataType:"TEXT",
        data:{id:id},
        success:function(data){
            if(data.trim()=="ok"){
                alert('删除成功!');
                $("#tr_"+id).remove();    //删除成功后移除这行数据
            }else{
                alert('删除失败');
            }
        }
    });
}
</script>
```

```
</head>
<body>
  <table width="100%" border="1" cellspacing="0" cellpadding="0">
    <tr>
      <td class="tt" colspan="3">管理员列表</td>
    </tr>
    <tr>
      <td width="16%" height="35">账号</td>
      <td width="20%">角色</td>
      <td width="64%">操作</td>
    </tr>
    <?php
     //记录的总条数
    $total_num=mysql_num_rows(mysql_query("select id from glyxxb"));
    //设置每页显示的记录数
    $pagesize=10;
    //计算总页数
    $page_num=ceil($total_num/$pagesize);
    //设置页数

    $page=isset($_GET['page'])?$_GET['page']:"";
    if($page<1 || $page==''){
        $page=1;
        }
    if($page>$page_num){
        $page=$page_num;
        }
    //计算记录的偏移量
    $offset=$pagesize*($page-1);
    //上一页、下一页
    $prepage=($page<>1)?$page-1:$page;
    $nextpage=($page<>$page_num)?$page+1:$page;
    //读取指定记录数
    $sql="select * from glyxxb limit $offset,$pagesize";
    $result=mysql_query($sql);
    while($row=mysql_fetch_array($result)){
    ?>
    <tr id="tr_<?=$row['id']?>">
      <td height="35"><?=$row['zh']?></td>
      <td>
      <?php
          if($row['js']=='0'){
              echo "<span style='color:red'>超级管理员</span>";
```

```
            }else if($row['js']=='1'){
                echo "普通管理员";
            }?>
            </td>
        <td>
            <input type="button" name="button" id="button" value="修改" onclick
            ="window.location.href='gly_modify.php?id=<?=$row['id']?>'" />
             
            <input type="button" name="button2" id="button2" value="删除"
            onclick="gly_delete('<?=$row['id']?>')" <?php if($row['zh']=='
            admin'){echo"disabled='disabled'";}?>/>
        </td>
      </tr>
      <?php
      }
      ?>
      <tr>
        <td height="35" colspan="3" align="center">
            <?=$page?>/<?=$page_num?>  
            <a href="?page=1">首页</a>  
            <a href="?page=<?=$prepage?>">上一页</a>  
            <a href="?page=<?=$nextpage?>">下一页</a>  
            <a href="?page=<?=$page_num?>">尾页</a>
        </td>
      </tr>
    </table>
<body>
</html>
<?php
mysql_close($conn);
?>
```

该文件的页面效果图如图 7-10 所示。

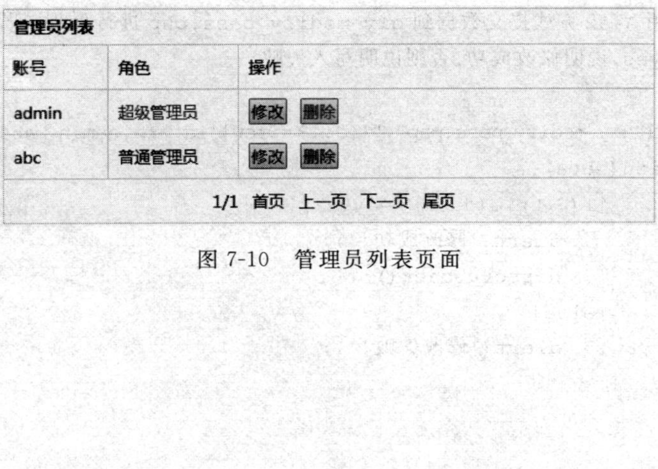

图 7-10　管理员列表页面

7.2.3 修改管理员

1. 编写“修改管理员-显示修改记录”页面文件

说明：“修改管理员-显示修改记录”页面文件名为 gly_modify.php。

该页面文件的代码如下：

```
<?php
require_once('session.php');
require_once ('conn.php');
$sql="select * from glyxxb where id='".$_GET['id']."'";
$result=mysql_query($sql);
$row=mysql_fetch_array($result);
?>
<!DOCTYPE html PUBLIC "-//W3C//DTD XHTML 1.0 Transitional//EN" "http://www.w3.
org/TR/xhtml1/DTD/xhtml1-transitional.dtd">
<html xmlns="http://www.w3.org/1999/xhtml">
<head>
<meta http-equiv="Content-Type" content="text/html; charset=utf-8" />
<title>学生基本信息管理系统</title>
<link href="css/table.css" rel="stylesheet" type="text/css" />
<script type="text/javascript" src="js/jquery-1.12.1.min.js"></script>
<script type="text/javascript">
$(document).ready(function(){
    $("#button1").click(function(){
    //获取密码的值
        var admin_pass=$("#admin_pass").val();
    //对密码进行非空判断
        if(admin_pass==""){
            alert('请输入密码!');
            $("#admin_pass").focus();
            return false;
        }else{
      /* 使用 Ajax 方式提交数据到 gly_modify_pass.php 进行处理。若回调函数返回的值
         为 yes,说明修改成功,否则说明写入失败
      */
      $.post("gly_modify_pass.php","{id:<?=$row['id']?>,admin_pass:admin_pass}",
      function(data){
                if($.trim(data)=='yes'){
                    alert('修改成功!');
                    history.back();
                }else{
                    alert('修改失败!');
```

```
                history.back();
            }
        },"text");      //指定回调函数返回的值为 text 类型
    }
  });
});
</script>
</head>
<body>
<form name="form1" id="form1" action="gly_modify_pass.php?id=<?=$row['id']?>"
method="post" >
  <table width="100%" height="172" border="1" cellpadding="0" cellspacing="0">
    <tr>
      <td class="tt" colspan="6">修改管理员</td>
    </tr>
    <tr>
      <td width="18%" height="35">账号</td>
      <td width="82%" colspan="5">
        <input name="admin_name" type="text" disabled="disabled" id="admin_
        name"  size="30" value="<?=$row['zh']?>" />
        <span id="admin_name_tip" class="start"></span>
      </td>
    </tr>
    <tr>
      <td height="35">密码</td>
      <td colspan="5">
        <input name="admin_pass" type="password" id="admin_pass" size="30" />
        (<span style="color:#C00">注意:不修改请留空!</span>)
      </td>
    </tr>
    <tr>
      <td height="35">角色</td>
      <td colspan="5"><label for="admin_role"></label>
        <select name="admin_role" id="admin_role" <?php if($row['js']=='1')
        {echo "disabled='disabled'";}?>>
          <option value="">--请选择--</option>
          <option value="1" <?php if($row['js']=='1'){echo "selected='
          selected'";}?>>普通管理员</option>
          <?php
          if($row['js']=='0'){
          ?>
          <option value="1" <?php if($row['js']=='0'){echo "selected='
          selected'";}?>>超级管理员</option>
          <?php
```

```
          }
          ?>
        </select>
      </td>
    </tr>
    <tr>
      <td height="35" colspan="6">
        <input type="button" name="button1" id="button1" value="提交" />
      </td>
    </tr>
  </table>
</form>
</body>
</html>
```

该页面的效果如图 7-11 所示。

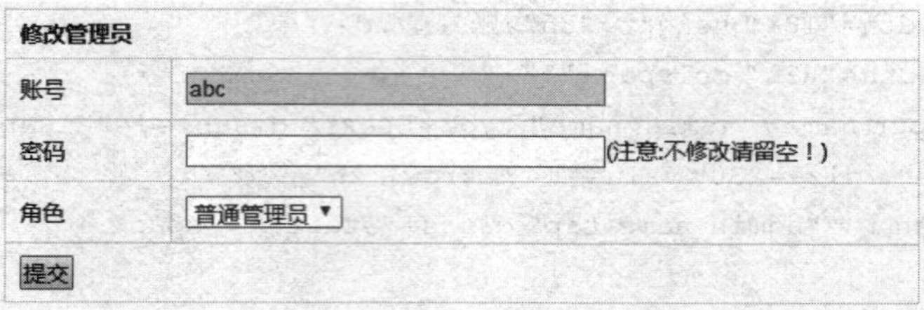

图 7-11 “修改管理员-显示修改记录”页面效果

2. 编写“修改管理员-更新数据库记录”页面文件

说明：“修改管理员-更新数据库记录”页面文件名为 gly_modify_pass.php。

该页面文件的代码如下：

```
<?php
require_once('session.php');                              //引入 session.php 文件
require_once('conn.php');                                 //引入数据库连接文件 conn.php
header("Content-Type:text/html;charset=utf-8"); //指定页面的编码为 utf8
$id=$_GET['id'];
$admin_pass=$_POST['admin_pass'];
$sql="update glyxxb set mm='".$admin_pass."' where id='".$id."'";
    if(mysql_query($sql)){
        echo "yes";
    }else{
        echo "no";
    }
mysql_close($conn);
?>
```

7.2.4　删除管理员

说明："删除管理员"页面文件名为 gly_delete. php。

该页面文件的代码如下：

```
<?php
require_once('session.php');
require_once ('conn.php');
header("Content-Type:text/html;charset=utf-8");
$sql="delete from glyxxb where id='".$_POST['id']."'";
if(mysql_query($sql)){
    echo "ok";
}
mysql_close($conn);
?>
```

7.3　经 验 传 递

(1) 开发管理员维护模块时需要注意,超级管理员(系统创始人)不能被删除。

(2) 管理员的账号通常是不能被修改的。

7.4　知 识 拓 展

基于 RBAC 权限管理系统设计如下。

提示：该部分内容请扫描二维码查看。

项目任务8 开发学院信息维护模块

知识目标

(1) 掌握 jQuery 中的 remove()方法的应用。

(2) 巩固 jQuery 中的 $.post()、html()、val()等方法的应用。

(3) 巩固 PHP 对数据库记录的基本操作。

能力目标

(1) 能够根据学院信息维护模块界面原型设计并开发学院信息维护模块。

(2) 养成良好的代码编写习惯。

(3) 培养严谨的思维能力和敬业的工作态度。

任务描述

本项目任务是根据学院信息维护模块原型设计并开发学院信息维护模块。

8.1 知识准备

下面说明 jQuery 中的 remove()方法。

方法移除被选元素,包括所有文本和子节点。

例:remove()方法的应用。

HTML 代码:

```
<p>这是一个段落。</p>
<p>这是另一个段落。</p>
<button>删除所有 p 元素</button>
```

jQuery 代码:

```
$(document).ready(function(){
  $("button").click(function(){
    $("p").remove();
  });
});
```

8.2 任务实施

本任务的实现思路如图 8-1 所示。

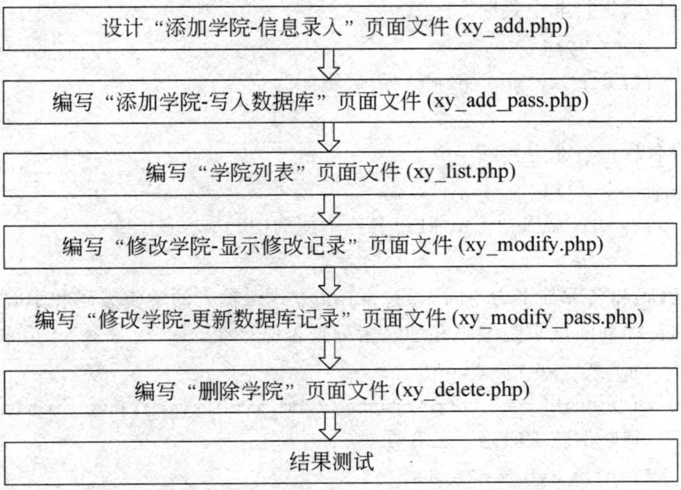

图 8-1 本任务的实现思路

学院信息维护模块主要由添加学院、输出学院列表、修改学院和删除学院四个功能操作组成。

8.2.1 添加学院

1. 设计“添加学院-信息录入”页面文件

说明：“添加学院-信息录入”页面文件的文件名为 xy_add.php。

该页面文件的代码如下：

```
<!DOCTYPE html PUBLIC "-//W3C//DTD XHTML 1.0 Transitional//EN" "http://www.w3.
org/TR/xhtml1/DTD/xhtml1-transitional.dtd">
<html xmlns="http://www.w3.org/1999/xhtml">
<head>
<meta http-equiv="Content-Type" content="text/html; charset=utf-8" />
<title>添加学院信息</title>
<!--引入样式表文件-->
<link href="css/table.css" rel="stylesheet" type="text/css" />
<script type="text/javascript" src="js/jquery-1.12.1.min.js"></script>
<script type="text/javascript">
$(document).ready(function(){
```

```
        $("#btn1").click(function(){
            //清空编码、名称提示信息
            $("#tip_xybm,#tip_xymc").html('');
            //获取编码、名称
            var xybm=$("#xybm").val();
            var xymc=$("#xymc").val();
            //对编码进行非空判断
            if(xybm==""){
                $("#tip_xybm").html('编码不能为空');
            }
            //对名称进行非空判断
            if(xymc==""){
                $("#tip_xymc").html('名称不能为空');
            }
            /*编码和名称都不为空时,通过 Ajax 方式对输入的学院编码和学院名称进行可用性判
              断,即判断该学院编码和学院名称是否已存在。*/
            if(xybm!="" && xymc!=""){
            $.post("xy_add_pass.php",{xybm:xybm,xymc:xymc},function(data,status){
                //判断学院编码是否已存在
                if(data.xybm=="exist"){
                    $("#tip_xybm").html('该编码已存在');
                }
                //判断学院名称是否已存在
                if(data.xymc=="exist"){
                    $("#tip_xymc").html('该名称已存在');
                }
                //判断添加是否成功
                if(data.xybm!="exist" && data.xymc!="exist" && data.pass=="yes"){
                    alert('添加成功!');
                    window.location.href='xy_list.php';
                }else{
                    alert('添加失败!');
                }
            },"json");
            }
        });
    });
    </script>
    </head>
    <body>
      <table width="98%"  border="1" cellspacing="0" cellpadding="0">
        <tr>
          <td colspan="2" class="tt">添加学院</td>
        </tr>
```

```
    <tr>
      <td width="20%" height="30">编码<span class="start"> * </span></td>
      <td width="80%"><input type="text" name="xybm" id="xybm" /> <span
      class="start" id="tip_xybm"></span></td>
    </tr>
    <tr>
      <td height="28">名称<span class="start"> * </span></td>
      <td><input type="text" name="xymc" id="xymc" /> <span class="
      start" id="tip_xymc"></span></td>
    </tr>
    <tr>
      <td height="40" colspan="2"><input type="button" name="btn1" id="btn1"
      value="提交" /></td>
    </tr>
  </table>
</body>
</html>
```

该文件的页面效果如图 8-2 所示。

图 8-2 “添加学院-信息录入”页面

2. 编写“添加学院-写入数据库”页面文件

说明：“添加学院-写入数据库”页面文件的文件名为 xy_add_pass. php。

该页面文件的代码如下：

```
<?php
require_once('session.php');
require_once('conn.php');
mysql_query("set names 'utf8'");
$xybm=$_POST['xybm'];
$xymc=$_POST['xymc'];
$xybm_num=mysql_num_rows(mysql_query("select * from xyxxb where xybm='".
$xybm."'"));
$xymc_num=mysql_num_rows(mysql_query("select * from xyxxb where xymc='".
$xymc."'"));
if($xybm_num>0){
  $arr['xybm']="exist";
}
```

```
if($xymc_num>0){
    $arr['xymc']="exist";
}
if($xybm_num==0 && $xymc_num==0){
    if(mysql_query("insert into xyxxb(xybm,xymc) values('".$xybm."','".
    $xymc."');")){
        $arr['pass']="yes";
    }
}
echo json_encode($arr);
mysql_close($conn);
?>
```

8.2.2 输出学院列表

说明：输出学院列表的页面文件名为 xy_list.php。

该页面文件的代码如下：

```
<?php
require_once('session.php');
require_once('conn.php');
?>
<!DOCTYPE html PUBLIC "-//W3C//DTD XHTML 1.0 Transitional//EN" "http://www.w3.
org/TR/xhtml1/DTD/xhtml1-transitional.dtd">
<html xmlns="http://www.w3.org/1999/xhtml">
<head>
<meta http-equiv="Content-Type" content="text/html; charset=utf-8" />
<title>学院列表</title>
<link href="css/table.css" rel="stylesheet" type="text/css" />
<script type="text/javascript" src="js/jquery-1.12.1.min.js"></script>
<script type="text/javascript">
//无刷新并删除学院信息函数
    function xy_delete(id){
        $.ajax({
            type:"POST",
            url:"xy_delete.php",
            dataType:"TEXT",
            data:{xybm:id},
            success:function(data){
                if(data.trim()=="ok"){
                    alert('删除成功!');
                    $("#tr_"+id).remove();                //删除成功后移除这行数据
                }else{
```

```
                    alert('删除失败');
                }
            }
        });
    }
</script>
</head>
<body>
<table width="98%" border="1" cellpadding="0" cellspacing="0">
  <tr>
    <td height="32" colspan="4" class="tt">学院列表</td>
  </tr>
  <tr>
    <td width="23%" height="28">编码</td>
    <td width="23%">名称</td>
    <td colspan="2">操作</td>
  </tr>
<?php
    //记录的总条数
    $total_num=mysql_num_rows(mysql_query("select xybm from xyxxb"));
    //设置每页显示的记录数
    $pagesize=10;
    //计算总页数
    $page_num=ceil($total_num/$pagesize);
    //设置页数
    $page=$_GET['page'];
    if($page<1 || $page==''){
        $page=1;
        }
    if($page>$page_num){
        $page=$page_num;
        }
    //计算记录的偏移量
    $offset=$pagesize*($page-1);
    //上一页、下一页
    $prepage=($page<>1)?$page-1:$page;
    $nextpage=($page<>$page_num)?$page+1:$page;
    //读取指定的记录数
    $sql="select * from xyxxb limit $offset,$pagesize";
    $result=mysql_query($sql);
    while($row=mysql_fetch_array($result)){
    ?>
  <tr id="tr_<?=$row['xybm']?>">
    <td height="25"><?=$row['xybm']?></td>
```

```
    <td><?=$row['xymc']?></td>
    <td width="15%"><input type="submit" name="button" id="button" value="修改"
    onclick="window.location.href='xy_modify.php?xybm=<?=$row['xybm']?>'" />
    </td>
    <td width="39%"><input type="submit" name="button2" id="button2" value=
    "删除" onclick="xy_delete('<?=$row['xybm']?>')" /></td>
  </tr>
  <?php
  }
  ?>
  <tr>
    <td height="39" colspan="4" align="center">
        <?=$page?>/<?=$page_num?>  
        <a href="?page=1">首页</a>  
        <a href="?page=<?=$prepage?>">上一页</a>  
        <a href="?page=<?=$nextpage?>">下一页</a>  
        <a href="?page=<?=$page_num?>">尾页</a>
    </td>
  </tr>
</table>
</body>
</html>
<?php
mysql_close($conn);
?>
```

该文件的页面效果如图 8-3 所示。

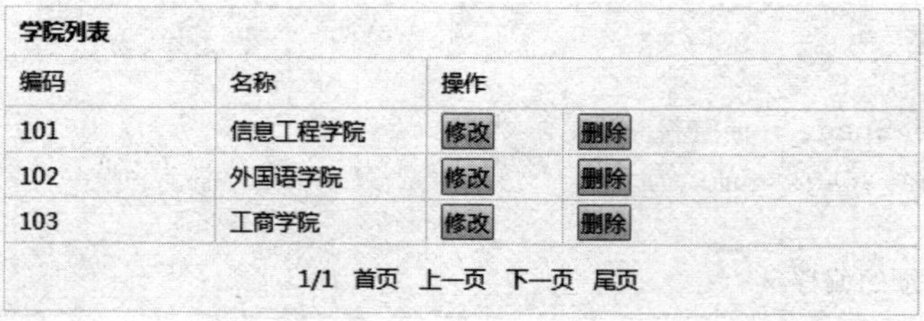

学院列表			
编码	名称	操作	
101	信息工程学院	修改	删除
102	外国语学院	修改	删除
103	工商学院	修改	删除
1/1 首页 上一页 下一页 尾页			

图 8-3 学院列表页面

8.2.3 修改学院

1. 编写“修改学院-显示修改记录”页面文件

说明：“修改学院-显示修改记录”页面文件名为 xy_modify.php。

该页面文件的代码如下：

```
<?php
require_once('session.php');
require_once('conn.php');
$xybm=$_GET['xybm'];
$sql="select * from xyxxb where xybm='".$xybm."'";
$result=mysql_query($sql);
$row=mysql_fetch_array($result);
?>
<!DOCTYPE html PUBLIC "-//W3C//DTD XHTML 1.0 Transitional//EN" "http://www.w3.
org/TR/xhtml1/DTD/xhtml1-transitional.dtd">
<html xmlns="http://www.w3.org/1999/xhtml">
<head>
<meta http-equiv="Content-Type" content="text/html; charset=utf-8" />
<title>修改学院信息</title>
<link href="css/table.css" rel="stylesheet" type="text/css" /><!--引入样式表
文件-->
<script type="text/javascript" src="js/jquery-1.12.1.min.js"></script>
<script type="text/javascript">
$(document).ready(function(){
    $("#btn1").click(function(){
        var xybm=$("#xybm").val();
        var xymc=$("#xymc").val();
        if(xymc==""){
            alert('请输入学院名称!');
            $("#xymc").focus();
            return false;
        }else{
            $.ajax({
                type:"POST",
                url:"xy_modify_pass.php",
                data:{xybm:xybm,xymc:xymc},
                dataType:"json",
                success: function(data){
                    if(data.xymc=="exist"){
                        alert('该名称已存在!');
                    }else if(data.pass=="yes"){
                        alert('修改成功!');
                        window.location.href='xy_list.php';
                    }else{
                        alert('修改失败!');
                    }
                }
            });
        }
```

```
    });
});
</script>
</head>
<body>
  <table width="98%"  border="1" cellspacing="0" cellpadding="0">
    <tr>
      <td colspan="2" class="tt">修改学院</td>
    </tr>
    <tr>
      <td width="20%" height="30">编码<span class="start"> * </span></td>
      <td width="80%"><input name="xybm" type="text" disabled="disabled" id=
      "xybm" value="<?=$row['xybm']?>" /></td>
    </tr>
    <tr>
      <td height="28">名称<span class="start"> * </span></td>
      <td><input name="xymc" type="text" id="xymc" value="<?=$row['xymc']?>" />
      </td>
    </tr>
    <tr>
      <td height="40" colspan="2"><input type="button" name="btn1" id="btn1"
      value="提交" /></td>
    </tr>
  </table>
</body>
</html>
<?php
mysql_close($conn);
?>
```

该页面的效果如图 8-4 所示。

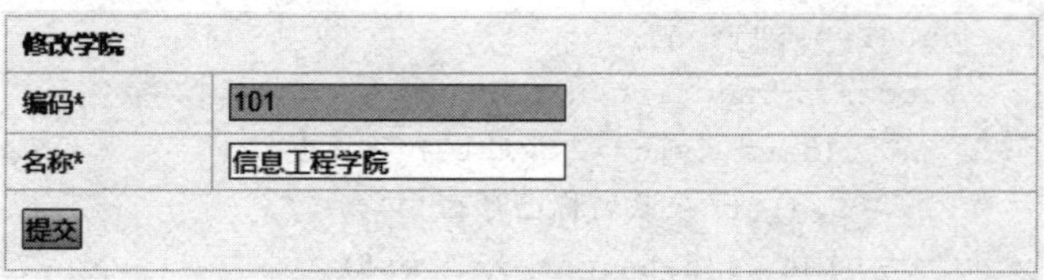

图 8-4 “修改学院-显示修改记录”页面

2. 编写“修改学院-更新数据库记录”页面文件

说明：“修改学院-更新数据库记录”页面文件名为 xy_modify_pass.php。

该页面文件的代码如下：

```
<?php
```

```
require_once('session.php');                       //引入 session.php 文件
require_once('conn.php');                          //引入数据库连接文件 conn.php
header("Content-Type:text/html;charset=utf-8");   //指定页面的编码为 utf-8
$xybm=$_POST['xybm'];
$xymc=$_POST['xymc'];
//判断学院名称是否可用
$xymc_num=mysql_num_rows(mysql_query("select * from xyxxb where xymc='".
$xymc."'"));
if($xymc_num>0){
    $arr['xymc']="exist";
}
if($xymc_num==0){
    $sql="update xyxxb set xymc='".$xymc."' where xybm='".$xybm."'";
    if(mysql_query($sql)){
        $arr['pass']="yes";
    }
}
echo json_encode($arr);
mysql_close($conn);
?>
```

8.2.4 删除学院

说明：“删除学院”页面文件名为 xy_delete.php。

该页面文件的代码如下：

```
<?php
require_once('session.php');                       //引入 session.php 文件
require_once('conn.php');                          //引入数据库连接文件 conn.php
header("Content-Type:text/html;charset=utf-8");   //指定页面的编码为 utf-8
$xybm=$_POST['xybm'];
$sql="delete from xyxxb where xybm='".$xybm."'";
if(mysql_query($sql)){
    echo "ok";
}
mysql_close($conn);
?>
```

8.3 经验传递

在学院信息维护模块中，实现学院编码、学院名称的可用性判断，关键在于掌握 jQuery 的 $.ajax()方法的应用。

8.4 知识拓展

关于值传递的安全性处理如下。

提示：该部分内容请扫描二维码查看。

项目任务 9　开发系部信息维护模块

知识目标

(1) 掌握 jQuery 中的 change()方法和 eval()函数的应用。

(2) 巩固 jQuery 中的 $. post()、$. ajax()、html()、val()、remove()、text()等方法的应用。

(3) 巩固 PHP 对数据库记录的基本操作。

(4) 巩固 PHP 分页知识。

能力目标

(1) 能够根据系部信息维护模块界面原型设计并开发系部信息维护模块。

(2) 养成良好的代码编写习惯。

(3) 培养严谨的思维能力和敬业的工作态度。

任务描述

本项目任务是根据系部信息维护模块原型设计并开发系部信息维护模块。

9.1 知 识 准 备

9.1.1 jQuery 中的 change()事件

change()事件仅适用于文本域(text field),以及 textarea 和 select 元素。

例:当文本域的值发生变化时,改变文本域的背景颜色。

HTML 代码如下:

```
<p>请输入你的姓名:<input class="field" type="text" /></p>
```

jQuery 代码如下:

```
$(document).ready(function(){
  $(".field").change(function(){
    $(this).css("background-color","#FFFFCC");
```

```
    });
});
```

9.1.2 jQuery 中的 eval()函数

语法：eval(codes)；

codes 参数表示字符串形式的表达式或语句。

eval 函数的返回值如下：

- 如果没有参数，返回 undefined。
- 如果有返回值，将返回此值；否则返回 undefined。
- 如果为表达式，返回表达式的值。
- 如果为语句，返回语句的值。
- 如果为多条语句或表达式，返回最后一条语句的值。

9.2 任务实施

本任务的实现思路如图 9-1 所示。

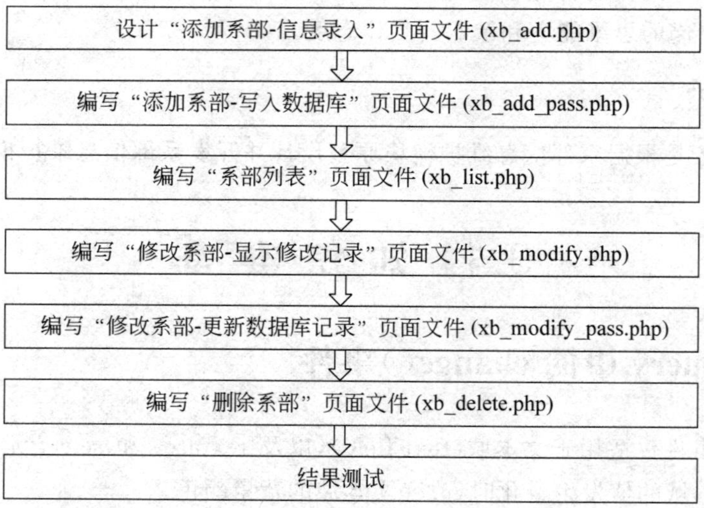

图 9-1 本任务的实现思路

系部信息维护模块主要由添加系部、输出系部信息列表、修改系部信息和删除系部信息四个功能操作组成。

9.2.1　添加系部

添加系部的操作步骤如下。

(1) 选择系部所属的学院。

(2) 填写系部的编码，编码产生的规则约定由“前缀＋输入的编码”组成，其中前缀为所选择的学院编码。

(3) 输入系部名称。

(4) 单击“提交”按钮则提交系部信息。

(5) 信息处理文件把系部信息写入数据库中。

1. 设计“添加系部-信息录入”页面文件

说明：“添加系部-信息录入”页面文件的文件名为 xb_add.php。

该页面文件的代码如下：

```
<?php
require_once('session.php');
require_once('conn.php');
?>
<!DOCTYPE html PUBLIC "-//W3C//DTD XHTML 1.0 Transitional//EN" "http://www.w3.
org/TR/xhtml1/DTD/xhtml1-transitional.dtd">
<html xmlns="http://www.w3.org/1999/xhtml">
<head>
<meta http-equiv="Content-Type" content="text/html; charset=utf-8" />
<title>添加学院信息</title>
<link href="css/table.css" rel="stylesheet" type="text/css" /><!--引入样式表
文件-->
<script type="text/javascript" src="js/jquery-1.12.1.min.js"></script>
<script type="text/javascript">
$(document).ready(function(){
    //单击“提交”按钮时进行非空验证
    $("#btn1").click(function(){
        var xybm=$("#xybm option:selected").val();     //获取所选学院
        var xbbm=$("#xbbm").val();                     //获取系部编码
        var xbmc=$("#xbmc").val();                     //获取系部名称
        //清空提示信息
        $("#xybm_tip").text("");
        $("#xbbm_tip").text("");
        $("#xbmc_tip").text("");
        if(xybm==""){
            $("#xybm_tip").text("请选择学院!");
        }
```

```
            if(xbbm==""){
                $("#xbbm_tip").text("请输入系部编码后部!");
            }
            if(xbmc==""){
                $("#xbmc_tip").text("请输入系部名称!");
            }
            if(xbbm!="" && xbbm!="" && xbmc!=""){
                xbbm=eval(xybm+xbbm);
                $.ajax({
                    type:"POST",
                    url:"xb_add_pass.php",
                    dataType:"json",
                    data:{xbbm:xbbm,xbmc:xbmc,xybm:xybm},
                    success:function(data){
                        //判断系部编码是否已存在
                        if(data.xbbm=="exist"){
                            $("#xbbm _tip ").html('该编码已存在');
                        }
                        //判断系部名称是否已存在
                        if(data.xbmc=="exist"){
                            $("#xbmc_tip").html('该名称已存在');
                        }
                        //判断添加是否成功
                        if(data.xbbm!="exist" && data.xbmc!="exist" && data.pass==
                        "yes"){
                            alert('添加成功!');
                            window.location.href='xb_list.php';
                        }else{
                            alert('添加失败!');
                        }
                    }
                });
            }
        });
        //当选择学院时,自动产生系部编码的前部
        $("#xybm").change(function(){
            var xybm2=$("#xybm option:selected").val();
            $("#xybm2").attr("value",xybm2);
            $("#xbbm").focus();
            $("#xybm_tip").empty();
        });
    });
    </script>
    </head>
```

```
<body>
<form action="xb_add_pass.php" method="post"  name="form1" id="form1">
  <table width="98%"  border="1" cellspacing="0" cellpadding="0">
    <tr>
      <td colspan="2" class="tt">添加系部</td>
    </tr>
    <tr>
      <td width="20%" height="30">所属学院<span class="start">*</span></td>
      <td width="80%">
          <select name="xybm" id="xybm">
            <option value="">--请选择--</option>
            <?php
            $sql_xy="select * from xyxxb";
            $result_xy=mysql_query($sql_xy);
            while($row_xy=mysql_fetch_array($result_xy)){
            ?>
             <option value="<?=$row_xy['xybm']?>"><?=$row_xy['xymc']?>
            </option>
            <?php
            }
            ?>
          </select>
        <span id="xybm_tip" style="color:red;font-size:12px"></span>
      </td>
    </tr>
    <tr>
      <td height="28">系部编码<span class="start">*</span></td>
      <td>
          <input name="xybm2" type="text" id="xybm2" size="10" readonly=
          "readonly" />
          <input type="text" name="xbbm" id="xbbm" />
        <span id="xbbm_tip" style="color:red;font-size:12px"></span>
      </td>
    </tr>
    <tr>
      <td height="28">系部名称<span class="start">*</span></td>
      <td>
          <input type="text" name="xbmc" id="xbmc" />
        <span id="xbmc_tip" style="color:red;font-size:12px"></span>
      </td>
    </tr>
<tr>
<td height="40" colspan="2">
<input type="button" name="btn1" id="btn1" value="提交" />
```

```
</td>
    </tr>
  </table>
</form>
</body>
</html>
<?php
mysql_close($conn);
?>
```

该文件的页面效果如图 9-2 所示。

图 9-2 “添加系部-信息录入”页面

2. 编写“添加系部-写入数据库”页面文件

说明：“添加系部-写入数据库”页面文件的文件名为 xb_add_pass.php。

该页面文件的代码如下：

```
<?php
require_once('session.php');
require_once('conn.php');
mysql_query("set names 'utf8'");
$xybm=$_POST['xybm'];
$xbbm=$_POST['xbbm'];
$xbmc=$_POST['xbmc'];
$xybm_num=mysql_num_rows(mysql_query("select * from xbxxb where xbbm=
'".$xbbm."'"));
$xbmc_num=mysql_num_rows(mysql_query("select * from xbxxb where xbmc=
'".$xbmc."'"));
if($xbbm_num>0){
    $arr['xbbm']="exist";
}
if($xbmc_num>0){
    $arr['xbmc']="exist";
}
if($xbbm_num==0 && $xbmc_num==0){
    if(mysql_query("insert into xbxxb(xbbm,xbmc,xybm) values('".$xbbm."',
'".$xbmc."','".$xybm."');")){
```

```
        $arr['pass']="yes";
    }
}
echo json_encode($arr);
mysql_close($conn);
?>
```

9.2.2　输出系部列表

说明：输出系部列表的页面文件名为 xb_list.php。

该页面文件的代码如下：

```
<?php
require_once('session.php');
require_once('conn.php');
?>
<!DOCTYPE html PUBLIC "-//W3C//DTD XHTML 1.0 Transitional//EN" "http://www.w3.
org/TR/xhtml1/DTD/xhtml1-transitional.dtd">
<html xmlns="http://www.w3.org/1999/xhtml">
<head>
<meta http-equiv="Content-Type" content="text/html; charset=utf-8" />
<title>系部列表</title>
<link href="css/table.css" rel="stylesheet" type="text/css" />
<script type="text/javascript" src="js/jquery-1.12.1.min.js"></script>
<script type="text/javascript">
//无刷新并删除学院信息函数
    function xb_delete(id){
        $.ajax({
            type:"POST",
            url:"xb_delete.php",
            dataType:"TEXT",
            data:{xbbm:id},
            success:function(data){
                if(data.trim()=="ok"){
                    alert('删除成功!');
                    $("#tr_"+id).remove();                //删除成功后移除这行数据
                }else{
                    alert('删除失败');
                }
            }
        });
    }
</script>
```

```
</head>
<body>
<table width="98%" border="1" cellpadding="0" cellspacing="0">
  <tr>
    <td height="32" colspan="5" class="tt">系部列表</td>
  </tr>
  <tr>
    <td width="21%" height="28">编码</td>
    <td width="21%">名称</td>
    <td width="19%">所属学院</td>
    <td colspan="2">操作</td>
  </tr>
<?php
     //记录的总条数
    $total_num=mysql_num_rows(mysql_query("select xbbm from xbxxb"));
    //设置每页显示的记录数
    $pagesize=10;
    //计算总页数
    $page_num=ceil($total_num/$pagesize);
    //设置页数
    $page=$_GET['page'];
    if($page<1 || $page==''){
        $page=1;
        }
    if($page>$page_num){
        $page=$page_num;
        }
    //计算记录的偏移量
    $offset=$pagesize*($page-1);
    //上一页、下一页
    $prepage=($page<>1)?$page-1:$page;
    $nextpage=($page<>$page_num)?$page+1:$page;
    //读取指定记录数
    $sql="select * from xbxxb,xyxxb where xbxxb.xybm=xyxxb.xybm limit $offset,
$pagesize";
    $result=mysql_query($sql);
    if($total_num>0){
    while($row=mysql_fetch_array($result)){
    ?>
  <tr id="tr_<?=$row['xbbm']?>">
    <td height="25"><?=$row['xbbm']?></td>
    <td><?=$row['xbmc']?></td>
    <td><?=$row['xymc']?></td>
    <td width="10%"><input type="button" name="button1" id="button1" value=
```

```
"修改" onclick="window.location.href='xb_modify.php?xbbm=<?=$row['xbbm']?>'" />
</td>
    <td width="29%"><input type="button" name="button2" id="button2" value="
删除" onclick="xb_delete('<?=$row['xbbm']?>')" /></td>
  </tr>
  <?php
  }
  }else{
  ?>
  <tr>
    <td height="39" colspan="5" align="center"><span style="color:red;">暂无
记录!</span></td>
  </tr>
  <?php
  }
  ?>
  <tr>
    <td height="39" colspan="5" align="center">
        <?=$page?>/<?=$page_num?>  
        <a href="?page=1">首页</a>  
        <a href="?page=<?=$prepage?>">上一页</a>  
        <a href="?page=<?=$nextpage?>">下一页</a>  
        <a href="?page=<?=$page_num?>">尾页</a>
    </td>
  </tr>
</table>
</body>
</html>
<?php
mysql_close($conn);
?>
```

该文件的页面效果如图 9-3 所示。

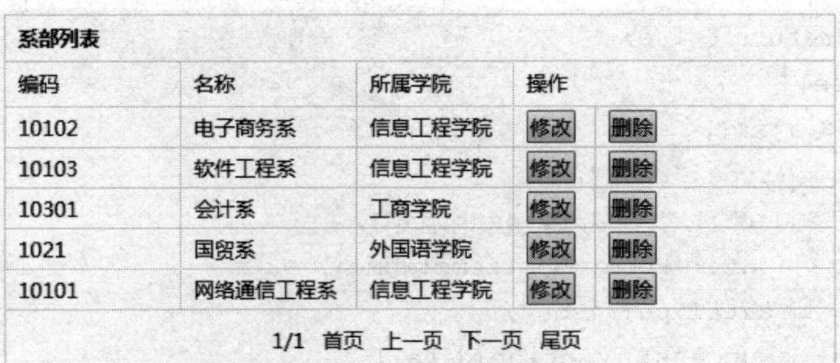

图 9-3　系部列表页面

9.2.3 修改系部

1. 编写“修改系部-显示修改记录”页面文件

说明：“修改系部-显示修改记录”页面文件名为 xb_modify.php。

该页面文件的代码如下：

```
<?php
require_once('session.php');
require_once('conn.php');
$xbbm=$_GET['xbbm'];
$sql_xb="select * from xbxxb where xbbm='".$xbbm."'";
$result_xb=mysql_query($sql_xb);
$row_xb=mysql_fetch_array($result_xb);
?>
<!DOCTYPE html PUBLIC "-//W3C//DTD XHTML 1.0 Transitional//EN" "http://www.w3.
org/TR/xhtml1/DTD/xhtml1-transitional.dtd">
<html xmlns="http://www.w3.org/1999/xhtml">
<head>
<meta http-equiv="Content-Type" content="text/html; charset=utf-8" />
<title>添加学院信息</title>
<link href="css/table.css" rel="stylesheet" type="text/css" /><!--引入样式表
文件-->
<script type="text/javascript" src="js/jquery-1.12.1.min.js"></script>
<script type="text/javascript">
$(document).ready(function(){
    $("#btn1").click(function(){
        var xbbm=eval($("#xybm").val()+$("#xbbm").val());
        var xbmc=$("#xbmc").val();
        if(xbmc==""){
            alert('请输入系部名称!');
            $("#xbmc").focus();
            return false;
        }else{
            $.ajax({
                type:"POST",
                url:"xb_modify_pass.php",
                data:{xbbm:xbbm,xbmc:xbmc},
                dataType:"json",
                success: function(data){
                    if(data.xbmc=="exist"){
                        alert('该名称已存在!');
                    }else if(data.pass=="yes"){
```

```
                        alert('修改成功!');
                        window.location.href='xb_list.php';
                    }else{
                        alert('修改失败!');
                    }
                }
            });
        }
    });
});
</script>
</head>
<body>
<form action="xb_modify_pass.php" method="post"  name="form1" id="form1">
  <table width="98%"  border="1" cellspacing="0" cellpadding="0">
    <tr>
      <td colspan="2" class="tt">修改系部</td>
    </tr>
    <tr>
      <td width="20%" height="30">所属学院<span class="start"> * </span></td>
      <td width="80%">
          <select name="xybm" id="xybm" disabled="disabled">
            <option value="">--请选择--</option>
            <?php
            $sql_xy="select * from xyxxb";
            $result_xy=mysql_query($sql_xy);
            while($row_xy=mysql_fetch_array($result_xy)){
            ?>
            <option value="<?=$row_xy['xybm']?>"
            <?php if($row_xy['xybm']==$row_xb['xybm']){
                echo "selected=''selected";}?>><?=$row_xy['xymc']?>
                </option>
          <?php
            }
            ?>
          </select>
        <span id="xybm_tip" style="color:red;font-size:12px"></span>
      </td>
    </tr>
    <tr>
      <td height="28">系部编码<span class="start"> * </span></td>
      <td>
          <input name="xybm2" type="text" id="xybm2" size="10" readonly=
"readonly"
```

```
            value="<?=$row_xb['xybm']?>" disabled="disabled" />
           <input type="text" name="xbbm" id="xbbm" value="<?php
            $num=strlen($row_xb['xybm']);echo substr($row_xb['xbbm'],$num);?>"
         disabled="disabled" />
         <span id="xbbm_tip" style="color:red;font-size:12px"></span>
       </td>
     </tr>
     <tr>
       <td height="28">系部名称<span class="start"> * </span></td>
       <td>
         <input type="text" name="xbmc" id="xbmc" value="<?=$row_xb['xbmc']?>" />
         <span id="xbmc_tip" style="color:red;font-size:12px"></span>
       </td>
     </tr>
     <tr>
       <td height="40" colspan="2"><input type="button" name="btn1" id="btn1"
value="提交" /></td>
     </tr>
   </table>
</form>
</body>
</html>
<?php
mysql_close($conn);
?>
```

该页面的效果如图 9-4 所示。

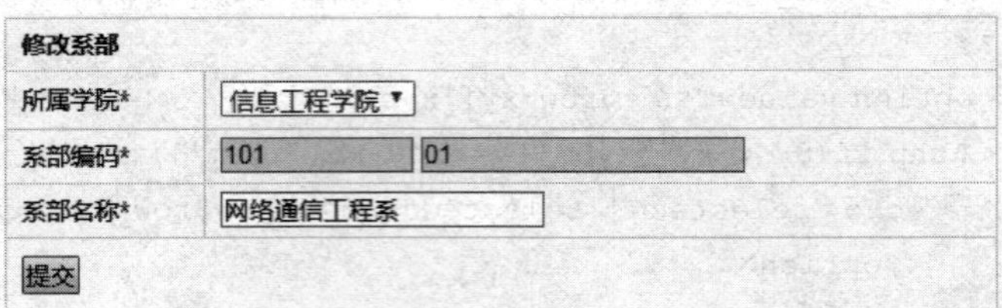

图 9-4 “修改系部-显示修改记录”页面效果

2. 编写“修改系部-更新数据库记录”页面文件

说明：“修改系部-更新数据库记录”页面文件名为 xb_modify_pass. php。

该页面文件的代码如下：

```
<?php
require_once('session.php');                          //引入 session.php 文件
require_once('conn.php');                             //引入数据库连接文件 conn.php
header("Content-Type:text/html;charset=utf-8"); //指定页面的编码为 utf-8
```

```
$xbbm=$_POST['xbbm'];
$xbmc=$_POST['xbmc'];
//判断学院名称是否可用
$xbmc_num=mysql_num_rows(mysql_query("select * from xbxxb where xbmc='".
$xbmc."'"));
if($xbmc_num>0){
    $arr['xbmc']="exist";
}
if($xbmc_num==0){
    $sql="update xbxxb set xbmc='".$xbmc."' where xbbm='".$xbbm."'";
    if(mysql_query($sql)){
        $arr['pass']="yes";
    }
}
echo json_encode($arr);
mysql_close($conn);
?>
```

9.2.4 删除系部

说明："删除系部"页面文件名为 xb_delete.php。

该页面文件的代码如下：

```
<?php
require_once('session.php');                          //引入 session.php 文件
require_once('conn.php');                             //引入数据库连接文件 conn.php
header("Content-Type:text/html;charset=utf-8"); //指定页面的编码为 utf-8
$xbbm=$_POST['xbbm'];
$sql="delete from xbxxb where xbbm='".$xbbm."'";
if(mysql_query($sql)){
    echo "ok";
}
mysql_close($conn);
?>
```

9.3 经验传递

(1) 在 jQuery 中，把两个字符串变量串接，可使用 eval 函数。

(2) 要实现学院与系部联动，需掌握 Ajax 与页面交互的原理，真正理解 click 事件、change 事件、$.ajax()方法等的应用，并学会如何读取 json 数据。

9.4 拓展知识

在日常项目开发中，通常会用到无限级分类，提供相关的学习资源如下。

资源 1：http：//www.php.cn/code/3966.html

资源 2：http：//www.php.cn/php-weizijiaocheng-352818.html

项目任务 10　开发专业信息维护模块

知识目标

(1) 巩固 jQuery 中的 change()事件和 eval()函数的应用。

(2) 巩固 jQuery 中的 $.post()、$.ajax()、html()、val()、remove()、text()等方法的应用。

(3) 巩固 PHP 对数据库记录的基本操作。

(4) 巩固 PHP 分页知识。

能力目标

(1) 能够根据专业信息维护模块界面原型设计并开发专业信息维护模块。

(2) 养成良好的代码编写习惯。

(3) 培养严谨的思维能力和敬业的工作态度。

任务描述

本项目任务是根据系部信息维护模块原型设计并开发系部信息维护模块。

10.1 知识准备

完成本任务所需知识在前面任务中已给出,本处不再重复。

10.2 任务实施

本任务的实现思路如图 10-1 所示。

系部信息维护模块主要由添加专业、输出专业列表、修改专业和删除专业四个功能操作组成。

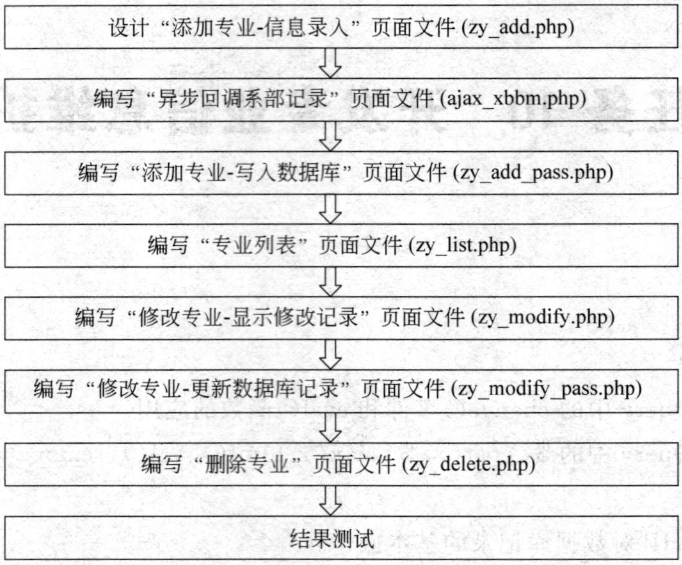

图 10-1　本任务的实现思路

10.2.1　添加专业

1. 编写“添加专业-信息录入”页面文件

说明：“添加专业-信息录入”页面文件的文件名为 zy_add.php。

该页面文件的代码如下：

```
<?php
require_once('session.php');
require_once('conn.php');
?>
<!DOCTYPE html PUBLIC "-//W3C//DTD XHTML 1.0 Transitional//EN" "http://www.w3.org/TR/xhtml1/DTD/xhtml1-transitional.dtd">
<html xmlns="http://www.w3.org/1999/xhtml">
<head>
<meta http-equiv="Content-Type" content="text/html; charset=utf-8" />
<title>添加学院信息</title>
<link href="css/table.css" rel="stylesheet" type="text/css" /><!--引入样式表文件-->
<script type="text/javascript" src="js/jquery-1.12.1.min.js"></script>
<script type="text/javascript">
$(document).ready(function(){
    //单击“提交”按钮时进行非空验证
    $("#btn1").click(function(){
        var xybm=$("#xybm option:selected").val();     //获取所选学院
```

```
var xbbm=$("#xbbm option:selected").val();      //获取所选系部
var zybm=$("#zybm").val();                      //获取专业编码
var zymc=$("#zymc").val();                      //获取专业名称
//清空提示信息
$("#xybm_tip").text("");
$("#xbbm_tip").text("");
$("#zybm_tip").text("");
$("#zymc_tip").text("");
if(xybm==""){
    $("#xybm_tip").text("请选择学院!");
}
if(xbbm==""){
    $("#xbbm_tip").text("请选择系部!");
}
if(zybm==""){
    $("#zybm_tip").text("请输入专业编码!");
}
if(zymc==""){
    $("#zymc_tip").text("请输入专业名称!");
}
//提交数据
if(xybm!="" && xbbm!="" && zybm!="" && zymc!=""){
    zybm=eval(xbbm+zybm);
    $.ajax({
        type:"POST",
        url:"zy_add_pass.php",
        dataType:"json",
        data:{xybm:xybm,xbbm:xbbm,zybm:zybm,zymc:zymc},
        success:function(data){
            //判断专业编码是否已存在
            if(data.zybm=="exist"){
                $("#zybm_tip").html('该编码已存在');
            }
            //判断专业名称是否已存在
            if(data.zymc=="exist"){
                $("#zymc_tip").html('该名称已存在');
            }
            //判断添加是否成功
            if(data.pass=="yes"){
                alert('添加成功!');
                window.location.href='zy_list.php';
            }else{
                alert('添加失败!');
            }
```

```
                }
            });
        }
    });
    //当"学院"下拉列表发生变化时
    $("#xybm").change(function(){
        var xybm=$("#xybm option:selected").val();
        $.ajax({
            type:"POST",
            url:"ajax/ajax_xbbm.php",
            data:{xybm:xybm},
            dataType:"html",
            success: function(data){
                if(data!="no"){
                    $("#xbbm option:not(:first)").remove();
                    $("#xbbm2").attr("value","");
                    $("#xbbm").append(data);
                }else{
                    $("#xbbm option:not(:first)").remove();
                    $("#xbbm2").attr("value","");
                }
            }
        });
    });
    //当"系部"下拉列表发生变化时,填充专业编码前缀文件域
    $("#xbbm").change(function(){
        var xb_bm=$("#xbbm option:selected").val();
        $("#xbbm2").attr("value",xb_bm);
    });

});
</script>
</head>
<body>
<table width="98%"  border="1" cellspacing="0" cellpadding="0">
    <tr>
      <td colspan="2" class="tt">添加专业</td>
    </tr>
    <tr>
      <td width="20%" height="30">所属学院<span class="start"> * </span></td>
      <td width="80%">
          <select name="xybm" id="xybm">
            <option value="">--请选择--</option>
            <?php
```

```
            $sql_xy="select * from xyxxb";
            $result_xy=mysql_query($sql_xy);
            while($row_xy=mysql_fetch_array($result_xy)){
            ?>
            <option value="<?=$row_xy['xybm']?>"><?=$row_xy['xymc']?></option>
            <?php
            }
            ?>
          </select>
        <span id="xybm_tip" style="color:red;font-size:12px"></span>
      </td>
    </tr>
    <tr>
      <td height="30">所属系部<span class="start"> * </span></td>
      <td>
        <select name="xbbm" id="xbbm">
          <option value="">--请选择--</option>
        </select>
        <span id="xbbm_tip" style="color:red;font-size:12px"></span>
      </td>
    </tr>
    <tr>
      <td height="28">专业编码<span class="start"> * </span></td>
      <td>
        <input name="xbbm2" type="text" id="xbbm2" size="10" readonly=
        "readonly" />
        <input type="text" name="zybm" id="zybm" />
        <span id="zybm_tip" style="color:red;font-size:12px"></span>
      </td>
    </tr>
    <tr>
      <td height="28">专业名称<span class="start"> * </span></td>
      <td>
          <input type="text" name="zymc" id="zymc" />
        <span id="zymc_tip" style="color:red;font-size:12px"></span>
      </td>
    </tr>
    <tr>
      <td height="40" colspan="2"><input type="button" name="btn1" id="btn1"
value="提交" /></td>
    </tr>
</table>
</body>
</html>
```

```
<?php
mysql_close($conn);
?>
```

该文件的页面效果如图 10-2 所示。

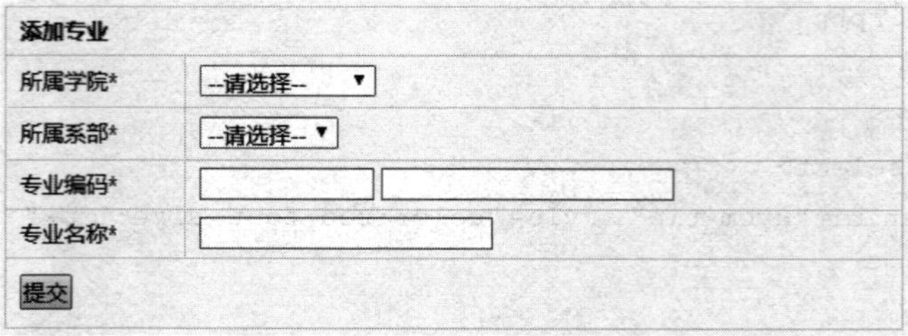

图 10-2 “添加专业-信息录入”页面效果

2. 编写“异步回调系部记录”页面文件

说明：“异步回调系部记录”页面文件的文件名为 ajax_xbbm. php。

该页面文件的代码如下：

```
<?php
require_once ('../session.php');
require_once ('../conn.php');
$sql="select * from xbxxb where xybm='".$_POST['xybm']."'";
$result=mysql_query($sql);
if(mysql_num_rows($result)>0){
while($row=mysql_fetch_array($result)){
?>
<option value="<?=$row['xbbm']?>"><?=$row['xbmc']?></option>
<?php
}
}else{
echo "no";
}
mysql_close($conn);
?>
```

3. 编写“添加专业-写入数据库”页面文件

说明：“添加专业-写入数据库”页面文件的文件名为 zy_add_pass. php。

该页面文件的代码如下：

```
<?php
require_once('session.php');
require_once('conn.php');
```

```
mysql_query("set names 'utf8'");
$xbbm=$_POST['xybm'];
$xbbm=$_POST['xbbm'];
$zybm=$_POST['zybm'];
$zymc=$_POST['zymc'];
$zybm_num=mysql_num_rows(mysql_query("select * from zyxxb where zybm='".
$zybm."'"));
$zymc_num=mysql_num_rows(mysql_query("select * from zyxxb where zymc='".
$zymc."'"));
if($zybm_num>0){
    $arr['zybm']="exist";
}
if($zymc_num>0){
    $arr['zymc']="exist";
}
if($zybm_num==0 && $zymc_num==0){
    if(mysql_query("insert into zyxxb(xybm,xbbm,zybm,zymc) values('".$xybm."
','".$xbbm."','".$zybm."','".$zymc."');")){
        $arr['pass']="yes";
    }
}
echo json_encode($arr);
mysql_close($conn);
?>
```

10.2.2 输出专业列表

说明：输出专业列表的页面文件名为 zy_list.php。

该页面文件的代码如下：

```
<?php
require_once('session.php');
require_once('conn.php');
?>
<!DOCTYPE html PUBLIC "-//W3C//DTD XHTML 1.0 Transitional//EN" "http://www.w3.
org/TR/xhtml1/DTD/xhtml1-transitional.dtd">
<html xmlns="http://www.w3.org/1999/xhtml">
<head>
<meta http-equiv="Content-Type" content="text/html; charset=utf-8" />
<title>系部列表</title>
<link href="css/table.css" rel="stylesheet" type="text/css" />
<script type="text/javascript" src="js/jquery-1.12.1.min.js"></script>
<script type="text/javascript">
```

```
//无刷新并删除学院信息的函数
    function zy_delete(id){
        $.ajax({
            type:"POST",
            url:"zy_delete.php",
            dataType:"TEXT",
            data:{zybm:id},
            success:function(data){
                if(data.trim()=="ok"){
                    alert('删除成功!');
                    $("#tr_"+id).remove();                //删除成功后移除这行数据
                }else{
                    alert('删除失败');
                }
            }
        });
    }
</script>
</head>
<body>
<table width="98%" border="1" cellpadding="0" cellspacing="0">
  <tr>
    <td height="32" colspan="6" class="tt">专业列表</td>
  </tr>
  <tr>
    <td width="21%" height="28">专业编码</td>
    <td width="21%">专业名称</td>
    <td width="19%">所属学院</td>
    <td width="19%">所属系部</td>
    <td colspan="2">操作</td>
  </tr>
<?php
    //记录的总条数
    $total_num=mysql_num_rows(mysql_query("select zybm from zyxxb"));
    //设置每页显示的记录数
    $pagesize=10;
    //计算总页数
    $page_num=ceil($total_num/$pagesize);
    //设置页数
    $page=$_GET['page'];
    if($page<1 || $page==''){
        $page=1;
        }
    if($page>$page_num){
```

```
        $page=$page_num;
        }
    //计算记录的偏移量
    $offset=$pagesize * ($page-1);
    //上一页、下一页
    $prepage=($page<>1)?$page-1:$page;
    $nextpage=($page<>$page_num)?$page+1:$page;
    //读取指定记录数
    $sql =" select zyxxb. * , xyxxb. * , xbxxb. *  from zyxxb, xyxxb, xbxxb where
zyxxb.xybm=xyxxb.xybm and zyxxb.xbbm=xbxxb.xbbm limit $offset,$pagesize";
    $result=mysql_query($sql);
    if($total_num>0){
    while($row=mysql_fetch_array($result)){
    ?>
  <tr id="tr_<?=$row['zybm']?>">
    <td height="25"><?=$row['zybm']?></td>
    <td><?=$row['zymc']?></td>
    <td>
      <?=$row['xymc']?>
    </td>
    <td>
      <?=$row['xbmc']?>
    </td>
    <td width="10%">
        <input type="button" name="button1" id="button1" value="修改" onclick="
window.location.href='zy_modify.php?zybm=<?=$row['zybm']?>'" />
    </td>
    <td width="29%">
        <input type="button" name="button2" id="button2" value="删除" onclick="zy
_delete('<?=$row['zybm']?>')" />
    </td>
  </tr>
  <?php
  }
  }else{
  ?>
  <tr>
    <td height="39" colspan="6" align="center"><span style="color:red;">暂无
记录!</span></td>
  </tr>
  <?php
  }
  ?>
  <tr>
```

```
    <td height="39" colspan="6" align="center">
        <?=$page?>/<?=$page_num?>  
        <a href="?page=1">首页</a>  
        <a href="?page=<?=$prepage?>">上一页</a>  
        <a href="?page=<?=$nextpage?>">下一页</a>  
        <a href="?page=<?=$page_num?>">尾页</a>
    </td>
  </tr>
</table>
</body>
</html>
<?php
mysql_close($conn);
?>
```

该文件的页面效果如图 10-3 所示。

专业列表					
专业编码	专业名称	所属学院	所属系部	操作	
101011	计算机网络技术	信息工程学院	网络通信工程系	修改	删除
101012	物联网应用	信息工程学院	网络通信工程系	修改	删除
101013	通信技术	信息工程学院	网络通信工程系	修改	删除
103011	会计电算化	工商学院	会计系	修改	删除
10211	国际贸易	外国语学院	国贸系	修改	删除
1/1 首页 上一页 下一页 尾页					

图 10-3　专业信息列表页面

10.2.3　修改专业

1. 编写"修改专业-显示修改记录"页面文件

说明："修改专业-显示修改记录"页面文件名为 zy_modify.php。

该页面文件的代码如下：

```
<?php
require_once('session.php');
require_once('conn.php');
$zybm=$_GET['zybm'];
$sql_zy="select * from zyxxb where zybm='".$zybm."'";
$result_zy=mysql_query($sql_zy);
$row_zy=mysql_fetch_array($result_zy);
?>
<!DOCTYPE html PUBLIC "-//W3C//DTD XHTML 1.0 Transitional//EN" "http://www.w3.
org/TR/xhtml1/DTD/xhtml1-transitional.dtd">
```

```
<html xmlns="http://www.w3.org/1999/xhtml">
<head>
<meta http-equiv="Content-Type" content="text/html; charset=utf-8" />
<title>添加学院信息</title>
<link href="css/table.css" rel="stylesheet" type="text/css" /><!--引入样式表
文件-->
<script type="text/javascript" src="js/jquery-1.12.1.min.js"></script>
<script type="text/javascript">
$(document).ready(function(){
    $("#btn1").click(function(){
        var zybm=eval($("#xbbm2").val()+$("#zybm").val());
        var zymc=$("#zymc").val();
        if(zymc==""){
            alert('请输入系部名称!');
            $("#zymc").focus();
            return false;
        }else{
            $.ajax({
                type:"POST",
                url:"zy_modify_pass.php",
                data:{zybm:zybm,zymc:zymc},
                dataType:"json",
                success: function(data){
                    if(data.zymc=="exist"){
                        alert('该名称已存在!');
                    }else if(data.pass=="yes"){
                        alert('修改成功!');
                        window.location.href='zy_list.php';
                    }else{
                        alert('修改失败!');
                    }
                }
            });
        }
    });
});
</script>
</head>
<body>
  <table width="98%"  border="1" cellspacing="0" cellpadding="0">
    <tr>
      <td colspan="2" class="tt">修改专业</td>
    </tr>
    <tr>
```

```
<td width="20%" height="30">所属学院<span class="start"> * </span></td>
<td width="80%">
  <select name="xybm" id="xybm" disabled="disabled">
    <option value="">--请选择--</option>
    <?php
    $sql_xy="select * from xyxxb";
    $result_xy=mysql_query($sql_xy);
    while($row_xy=mysql_fetch_array($result_xy)){
    ?>
    <option value="<?=$row_xy['xybm']?>"
      <?php if($row_xy['xybm']==$row_zy['xybm']){
        echo "selected=''selected";}?>><?=$row_xy['xymc']?></option>
        <?php }?>
  </select>
 <span id="xybm_tip" style="color:red;font-size:12px"></span>
</td>
</tr>
<tr>
<td height="30">所属系部<span class="start"> * </span></td>
<td>
 <select name="xbbm" id="xbbm" disabled="disabled">
  <option value="">--请选择--</option>
  <?php
    $sql_xb="select * from xbxxb";
    $result_xb=mysql_query($sql_xb);
    while($row_xb=mysql_fetch_array($result_xb)){
    ?>
  <option value="<?=$row_xb['xbbm']?>"
 <?php if($row_xb['xbbm']==$row_zy['xbbm']){echo "selected=''selected";}?>>
    <?=$row_xb['xbmc']?>
  </option>
  <?php
    }
    ?>
 </select>
</td>
</tr>
<tr>
<td height="28">专业编码<span class="start"> * </span></td>
<td>
   <input name="xbbm2" type="text" id="xbbm2" size="10" readonly=
"readonly" value="<?=$row_zy['xbbm']?>" disabled="disabled" />
  <input type="text" name="zybm" id="zybm" value="<?php $num=strlen
($row_zy['xbbm']);echo substr($row_zy['zybm'],$num);?>" disabled="disabled" />
```

```
        <span id="xbbm_tip" style="color:red;font-size:12px"></span>
      </td>
    </tr>
    <tr>
      <td height="28">专业名称<span class="start"> * </span></td>
      <td>
        <input type="text" name="zymc" id="zymc" value="<?=$row_zy['zymc']?>" />
        <span id="xbmc_tip" style="color:red;font-size:12px"></span>
      </td>
    </tr>
    <tr>
      <td height="40" colspan="2"><input type="button" name="btn1" id="btn1"
value="提交" /></td>
    </tr>
  </table>
</body>
</html>
<?php
mysql_close($conn);
?>
```

该文件的页面效果如图 10-4 所示。

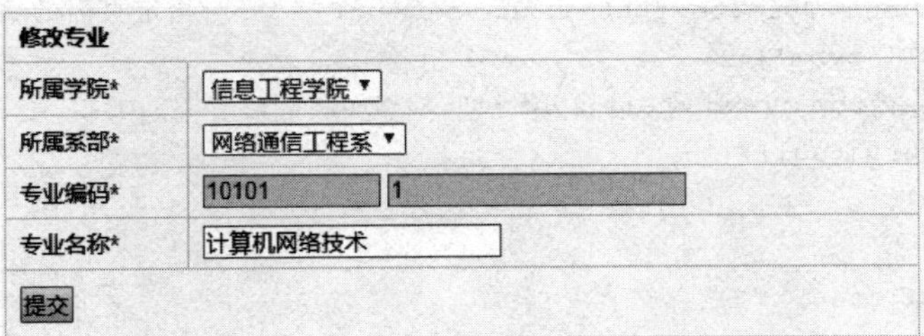

图 10-4　“修改专业-显示修改记录”页面效果

2. 编写“修改专业-更新数据库记录”页面文件

说明：“修改专业-更新数据库记录”页面文件名为 zy_modify_pass. php。

该页面文件的代码如下：

```
<?php
require_once('session.php');                       //引入 session.php 文件
require_once('conn.php');                          //引入数据库连接文件 conn.php
header("Content-Type:text/html;charset=utf-8"); //指定页面的编码为 utf-8
$zybm=$_POST['zybm'];
$zymc=$_POST['zymc'];
//判断专业名称是否可用
$zymc_num=mysql_num_rows(mysql_query("select * from zyxxb where zymc='".
$zymc."'"));
```

```
if($zymc_num>0){
    $arr['zymc']="exist";
}
if($zymc_num==0){
    $sql="update zyxxb set zymc='".$zymc."' where zybm='".$zybm."'";
    if(mysql_query($sql)){
        $arr['pass']="yes";
    }
}
echo json_encode($arr);
mysql_close($conn);
?>
```

10.2.4 删除专业

说明："删除专业"页面文件名为 zy_delete.php。

该页面文件的代码如下：

```
<?php
require_once('session.php');                          //引入 session.php 文件
require_once('conn.php');                             //引入数据库连接文件 conn.php
header("Content-Type:text/html;charset=utf-8");//指定页面的编码为 utf-8
$zybm=$_POST['zybm'];
$sql="delete from zyxxb where zybm='".$zybm."'";
if(mysql_query($sql)){
    echo "ok";
}
mysql_close($conn);
?>
```

10.3 经验传递

在系部信息维护模块的开发中，难点为学院、系部、专业之间的联动(三级联动)，因此需掌握 jQuery 相关事件和方法的应用，掌握对回调函数数据的处理。

10.4 知识拓展

了解 PHP Mailer 实现发送邮件的方法：http：//www. php. cn/php-weizijiaocheng-408762. html

项目任务 11　开发班级信息维护模块

知识目标

(1) 掌握 jQuery 中的 change()方法和 eval()函数的应用。

(2) 巩固 jQuery 中的 $. post()、$. ajax()、html()、val()、remove()等方法的应用。

(3) 巩固 PHP 对数据库记录的基本操作。

(4) 巩固 PHP 分页知识。

能力目标

(1) 能够根据班级信息维护模块界面原型设计并开发班级信息维护模块。

(2) 养成良好的代码编写习惯。

(3) 培养严谨的思维能力和敬业的工作态度。

任务描述

本项目任务是根据班级信息维护模块原型设计并开发班级信息维护模块。

11.1 知识准备

完成本任务所需的知识在前面任务中已给出，在此不再重复。

11.2 任务实施

本任务的实现思路如图 11-1 所示。

班级信息维护模块主要由添加班级、输出班级列表、修改班级和删除班级四个功能操作组成。

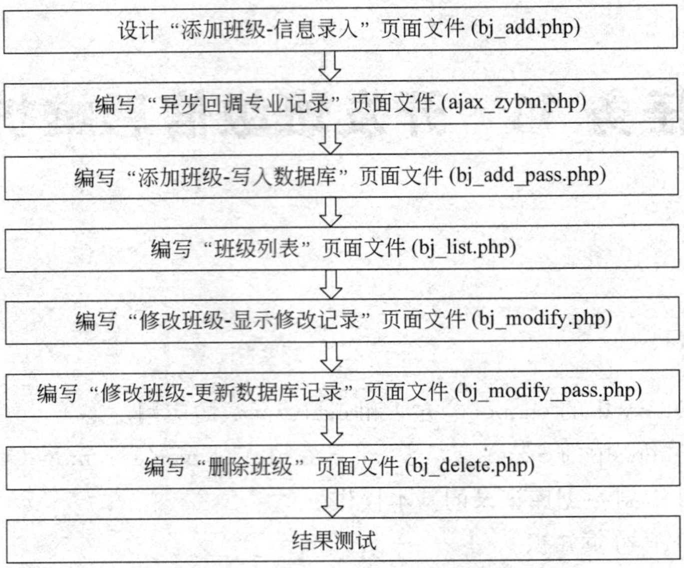

图 11-1　本任务的实现思路

11.2.1　添加班级

1. 设计“添加班级-信息录入”页面文件

说明：“添加班级-信息录入”页面文件的文件名为 bj_add.php。

该页面文件的代码如下：

```
<?php
require_once('session.php');
require_once('conn.php');
?>
<!DOCTYPE html PUBLIC "-//W3C//DTD XHTML 1.0 Transitional//EN" "http://www.w3.org/TR/xhtml1/DTD/xhtml1-transitional.dtd">
<html xmlns="http://www.w3.org/1999/xhtml">
<head>
<meta http-equiv="Content-Type" content="text/html; charset=utf-8" />
<title>添加班级</title>
<link href="css/table.css" rel="stylesheet" type="text/css" /><!--引入样式表文件-->
<script type="text/javascript" src="js/jquery-1.12.1.min.js"></script>
<script type="text/javascript">
$(document).ready(function(){
    //单击“提交”按钮时进行非空验证
    $("#btn1").click(function(){
        var xybm=$("#xybm option:selected").val();        //获取所选学院
```

```
var xbbm=$("#xbbm option:selected").val();        //获取所选系部
var zybm=$("#zybm option:selected").val();        //获取所选系部
var bjbm=$("#bjbm").val();                        //获取班级编码
var bjmc=$("#bjmc").val();                        //获取班级名称
//清空提示信息
$("#xybm_tip,#xbbm_tip,#zybm_tip,#bjbm_tip,#bjmc_tip").text("");
if(xybm==""){
    $("#xybm_tip").text("请选择学院!");
}
if(xbbm==""){
    $("#xbbm_tip").text("请选择系部!");
}
if(zybm==""){
    $("#zybm_tip").text("请输入专业编码!");
}
if(bjbm==""){
    $("#bjbm_tip").text("请输入班级编码!");
}
if(bjmc==""){
    $("#bjmc_tip").text("请输入班级名称!");
}
//提交数据
if(xybm!="" && xbbm!="" && zybm!="" && bjbm!="" && bjmc!=""){
    bjbm=eval(zybm+bjbm);
    $.ajax({
        type:"POST",
        url:"bj_add_pass.php",
        dataType:"json",
        data:{xybm:xybm,xbbm:xbbm,zybm:zybm,bjbm:bjbm,bjmc:bjmc},
        success:function(data){
            //判断班级编码是否已存在
            if(data.bjbm=="exist"){
                $("#tip_bjbm").html('该编码已存在');
            }
            //判断班级名称是否已存在
            if(data.bjmc=="exist"){
                $("#tip_bjmc").html('该名称已存在');
            }
            //判断添加是否成功
            if(data.pass=="yes"){
                alert('添加成功!');
                window.location.href='bj_list.php';
            }else{
                alert('添加失败!');
```

```
                }
            }
        });
    }
});
//当“学院”下拉列表发生变化时
$("#xybm").change(function(){
    var xybm=$("#xybm option:selected").val();
    $.ajax({
        type:"POST",
        url:"ajax/ajax_xbbm.php",
        data:{xybm:xybm},
        dataType:"html",
        success: function(data){
            if(data!="no"){
                $("#xbbm option:not(:first)").remove();
                $("#xbbm2").attr("value","");
                $("#xbbm").append(data);
            }else{
                $("#xbbm option:not(:first)").remove();
                $("#xbbm2").attr("value","");
            }
        }
    });
});
//当“系部”下拉列表发生变化时
$("#xbbm").change(function(){
    var xbbm=$("#xbbm option:selected").val();
    $.ajax({
        type:"POST",
        url:"ajax/ajax_zybm.php",
        data:{xbbm:xbbm},
        dataType:"html",
        success: function(data){
            if(data!="no"){
                $("#zybm option:not(:first)").remove();
                $("#zybm").append(data);
            }else{
                $("#zybm option:not(:first)").remove();
                $("#zybm2").attr("value","");
            }
        }
    });
});
```

```
        //当"专业"下拉列表发生变化时
        $("#zybm").change(function(){
            var zybm=$("#zybm option:selected").val();
            $("#zybm2").attr("value",zybm);
        });

});
</script>
</head>
<body>
<table width="98%"  border="1" cellspacing="0" cellpadding="0">
    <tr>
      <td colspan="2" class="tt">添加班级</td>
    </tr>
    <tr>
      <td width="20%" height="30">所属学院<span class="start">*</span></td>
      <td width="80%">
          <select name="xybm" id="xybm">
            <option value="">--请选择--</option>
            <?php
            $sql_xy="select * from xyxxb";
            $result_xy=mysql_query($sql_xy);
            while($row_xy=mysql_fetch_array($result_xy)){
            ?>
            <option value="<?=$row_xy['xybm']?>"><?=$row_xy['xymc']?>
            </option>
            <?php
            }
            ?>
          </select>
        <span id="xybm_tip" style="color:red;font-size:12px"></span>
      </td>
    </tr>
    <tr>
      <td height="30">所属系部<span class="start">*</span></td>
      <td>
        <select name="xbbm" id="xbbm">
          <option value="">--请选择--</option>
        </select>
        <span id="xbbm_tip" style="color:red;font-size:12px"></span>
      </td>
    </tr>
    <tr>
      <td height="30">所属专业<span class="start">*</span></td>
```

```
      <td>
          <select name="zybm" id="zybm">
          <option value="">--请选择--</option>
        </select>
        <span id="zybm_tip" style="color:red;font-size:12px"></span>
      </td>
    </tr>
    <tr>
      <td height="28">班级编码<span class="start"> * </span></td>
      <td>
        <input name="zybm2" type="text" id="zybm2" size="10" readonly=
        "readonly" />
        <input type="text" name="bjbm" id="bjbm" />
        <span id="bjbm_tip" style="color:red;font-size:12px"></span>
      </td>
    </tr>
    <tr>
      <td height="28">班级名称<span class="start"> * </span></td>
      <td>
          <input type="text" name="bjmc" id="bjmc" />
        <span id="bjmc_tip" style="color:red;font-size:12px"></span>
      </td>
    </tr>
    <tr>
      <td height="40" colspan="2"><input type="button" name="btn1" id="btn1"
value="提交" /></td>
    </tr>
</table>
</body>
</html>
<?php
mysql_close($conn);
?>
```

该文件的页面效果如图 11-2 所示。

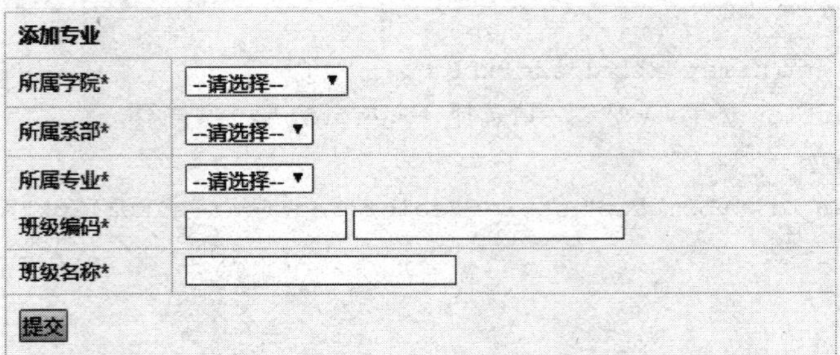

图 11-2 “添加班级-信息录入”页面

2. 编写“异步回调专业记录”页面文件

说明：“异步回调专业记录”页面文件的文件名为 ajax_zybm. php。

该页面文件的代码如下：

```
<?php
require_once ('../session.php');
require_once ('../conn.php');
$sql="select * from zyxxb where xbbm='".$_POST['xbbm']."'";
$result=mysql_query($sql);
if(mysql_num_rows($result)>0){
while($row=mysql_fetch_array($result)){
?>
<option value="<?=$row['zybm']?>"><?=$row['zymc']?></option>
<?php
}
}else{
echo "no";
}
mysql_close($conn);
?>
```

3. 编写“添加班级-写入数据库”页面文件

说明：“添加班级-写入数据库”页面文件的文件名为 bj_add_pass. php。

该页面文件的代码如下：

```
<?php
require_once('session.php');
require_once('conn.php');
mysql_query("set names 'utf8'");
$xbbm=$_POST['xybm'];
$xbbm=$_POST['xbbm'];
$zybm=$_POST['zybm'];
$bjbm=$_POST['bjbm'];
$bjmc=$_POST['bjmc'];
$bjbm_num=mysql_num_rows(mysql_query("select * from bjxxb where bjbm='".
$bjbm."'"));
$bjmc_num=mysql_num_rows(mysql_query("select * from bjxxb where bjmc='".
$bjmc."'"));
if($bjbm_num>0){
    $arr['bjbm']="exist";
}
if($bjmc_num>0){
```

```
    $arr['bjmc']="exist";
}
if($bjbm_num==0 && $bjmc_num==0){
    if(mysql_query("insert into bjxxb(xybm,xbbm,zybm,bjbm,bjmc) values('".
$xybm."','".$xbbm."','".$zybm."','".$bjbm."','".$bjmc."');")){
        $arr['pass']="yes";
    }
}
echo json_encode($arr);
mysql_close($conn);
?>
```

11.2.2 输出班级列表

说明：输出班级列表的页面文件名为 bj_list.php。

该页面文件的代码如下：

```
<?php
require_once('session.php');
require_once('conn.php');
?>
<!DOCTYPE html PUBLIC "-//W3C//DTD XHTML 1.0 Transitional//EN" "http://www.w3.
org/TR/xhtml1/DTD/xhtml1-transitional.dtd">
<html xmlns="http://www.w3.org/1999/xhtml">
<head>
<meta http-equiv="Content-Type" content="text/html; charset=utf-8" />
<title>班级列表</title>
<link href="css/table.css" rel="stylesheet" type="text/css" />
<script type="text/javascript" src="js/jquery-1.12.1.min.js"></script>
<script type="text/javascript">
//无刷新并删除学院信息函数
    function bj_delete(id){
        $.ajax({
            type:"POST",
            url:"bj_delete.php",
            dataType:"TEXT",
            data:{bjbm:id},
            success:function(data){
                if(data.trim()=="ok"){
                    alert('删除成功!');
                    $("#tr_"+id).remove();                  //删除成功后移除这行数据
                }else{
                    alert('删除失败');
```

```
                }
            }
        });
    }
</script>
</head>
<body>
<table width="98%" border="1" cellpadding="0" cellspacing="0">
  <tr>
    <td height="32" colspan="7" class="tt">班级列表</td>
  </tr>
  <tr>
    <td width="21%" height="28">班级编码</td>
    <td width="21%">班级名称</td>
    <td width="19%">所属学院</td>
    <td width="19%">所属系部</td>
    <td width="19%">所属专业</td>
    <td colspan="2">操作</td>
  </tr>
<?php
    //记录的总条数
    $total_num=mysql_num_rows(mysql_query("select zybm from zyxxb"));
    //设置每页显示的记录数
    $pagesize=10;
    //计算总页数
    $page_num=ceil($total_num/$pagesize);
    //设置页数
    $page=$_GET['page'];
    if($page<1 || $page==''){
        $page=1;
        }
    if($page>$page_num){
        $page=$page_num;
        }
    //计算记录的偏移量
    $offset=$pagesize*($page-1);
    //上一页、下一页
    $prepage=($page<>1)?$page-1:$page;
    $nextpage=($page<>$page_num)?$page+1:$page;
    //读取指定记录数
    $sql="select bjxxb.*,zyxxb.*,xyxxb.*,xbxxb.* from bjxxb,zyxxb,xyxxb,
xbxxb where bjxxb.xybm=xyxxb.xybm and bjxxb.xbbm=xbxxb.xbbm and bjxxb.zybm=
zyxxb.zybm limit $offset,$pagesize";
    $result=mysql_query($sql);
```

```
    if($total_num>0){
    while($row=mysql_fetch_array($result)){
    ?>
  <tr id="tr_<?=$row['bjbm']?>">
    <td height="25"><?=$row['bjbm']?></td>
    <td><?=$row['bjmc']?></td>
    <td>
      <?=$row['xymc']?>
    </td>
    <td>
      <?=$row['xbmc']?>
    </td>
    <td><?=$row['zymc']?></td>
    <td width="10%">
      <input type="button" name="button1" id="button1" value="修改" onclick="
window.location.href='bj_modify.php?bjbm=<?=$row['bjbm']?>'" />
    </td>
    <td width="29%">
      <input type="button" name="button2" id="button2" value="删除" onclick="
bj_delete('<?=$row['bjbm']?>')" />
    </td>
  </tr>
  <?php
  }
  }else{
  ?>
  <tr>
    <td height="39" colspan="7" align="center"><span style="color:red;">暂无
记录!</span></td>
  </tr>
  <?php
  }
  ?>
  <tr>
    <td height="39" colspan="7" align="center">
        <?=$page?>/<?=$page_num?>  
        <a href="?page=1">首页</a>  
        <a href="?page=<?=$prepage?>">上一页</a>  
        <a href="?page=<?=$nextpage?>">下一页</a>  
        <a href="?page=<?=$page_num?>">尾页</a>
    </td>
  </tr>
</table>
</body>
```

```
</html>
<?php
mysql_close($conn);
?>
```

该文件的页面效果如图 11-3 所示。

班级列表					
班级编码	班级名称	所属学院	所属系部	所属专业	操作
101011141	14网络1班	信息工程学院	网络通信工程系	计算机网络技术	修改 删除
101011142	14网络2班	信息工程学院	网络通信工程系	计算机网络技术	修改 删除
101011151	15网络1班	信息工程学院	网络通信工程系	计算机网络技术	修改 删除
101011152	15网络2班	信息工程学院	网络通信工程系	计算机网络技术	修改 删除
101011153	15网络3班	信息工程学院	网络通信工程系	计算机网络技术	修改 删除
101011161	16网络1班	信息工程学院	网络通信工程系	计算机网络技术	修改 删除
10301101	15会计1班	工商学院	会计系	会计电算化	修改 删除
1010114	17网络1班	信息工程学院	网络通信工程系	计算机网络技术	修改 删除
102111	17国贸1班	外国语学院	国贸系	国际贸易	修改 删除
1/1 首页 上一页 下一页 尾页					

图 11-3　班级列表页面效果

11.2.3　修改班级

1. 编写"修改班级-显示修改记录"页面文件

说明："修改班级-显示修改记录"页面文件名为 bj_modify.php。

该页面文件的代码如下：

```
<?php
require_once('session.php');
require_once('conn.php');
$bjbm=$_GET['bjbm'];
$sql_bj="select * from bjxxb where bjbm='".$bjbm."'";
$result_bj=mysql_query($sql_bj);
$row_bj=mysql_fetch_array($result_bj);
?>
<!DOCTYPE html PUBLIC "-//W3C//DTD XHTML 1.0 Transitional//EN" "http://www.w3.
org/TR/xhtml1/DTD/xhtml1-transitional.dtd">
<html xmlns="http://www.w3.org/1999/xhtml">
<head>
<meta http-equiv="Content-Type" content="text/html; charset=utf-8" />
<title>添加学院信息</title>
<link href="css/table.css" rel="stylesheet" type="text/css" /><!--引入样式表
文件-->
```

```
<script type="text/javascript" src="js/jquery-1.12.1.min.js"></script>
<script type="text/javascript">
$(document).ready(function(){
    $("#btn1").click(function(){
        var bjbm=eval($("#zybm2").val()+$("#bjbm").val());
        var bjmc=$("#bjmc").val();
        if(bjmc==""){
            alert('请输入系部名称!');
            $("#bjmc").focus();
            return false;
        }else{
            $.ajax({
                type:"POST",
                url:"bj_modify_pass.php",
                data:{bjbm:bjbm,bjmc:bjmc},
                dataType:"json",
                success: function(data){
                    if(data.bjmc=="exist"){
                        alert('该名称已存在!');
                    }else if(data.pass=="yes"){
                        alert('修改成功!');
                        window.location.href='bj_list.php';
                    }else{
                        alert('修改失败!');
                    }
                }
            });
        }
    });
});
</script>
</head>
<body>
  <table width="98%"  border="1" cellspacing="0" cellpadding="0">
    <tr>
      <td colspan="2" class="tt">修改专业</td>
    </tr>
    <tr>
      <td width="20%" height="30">所属学院<span class="start">*</span></td>
      <td width="80%">
          <select name="xybm" id="xybm" disabled="disabled">
            <option value="">--请选择--</option>
            <?php
```

```
        $sql_xy="select * from xyxxb";
        $result_xy=mysql_query($sql_xy);
        while($row_xy=mysql_fetch_array($result_xy)){
        ?>
        <option value="<?=$row_xy['xybm']?>" <?php if($row_xy['xybm']==
            $row_bj['xybm']){echo "selected=''selected";}?>><?=$row_xy['
            xymc']?></option>
        <?php
        }
        ?>
      </select>
    <span id="xybm_tip" style="color:red;font-size:12px"></span>
  </td>
</tr>
<tr>
  <td height="30">所属系部<span class="start"> * </span></td>
  <td>
    <select name="xbbm" id="xbbm" disabled="disabled">
      <option value="">--请选择--</option>
      <?php
        $sql_xb="select * from xbxxb";
        $result_xb=mysql_query($sql_xb);
        while($row_xb=mysql_fetch_array($result_xb)){
      ?>
      <option value="<?=$row_xb['xbbm']?>" <?php if($row_xb['xbbm']==
      $row_bj['xbbm']){echo "selected=''selected";}?>>
        <?=$row_xb['xbmc']?>
      </option>
      <?php
        }
      ?>
    </select>
  </td>
</tr>
<tr>
  <td height="30">所属专业<span class="start"> * </span></td>
  <td>
      <select name="zybm" id="zybm" disabled="disabled">
      <option value="">--请选择--</option>
      <?php
        $sql_zy="select * from zyxxb";
        $result_zy=mysql_query($sql_zy);
        while($row_zy=mysql_fetch_array($result_zy)){
```

```
            ?>
            <option value="<?=$row_zy['zybm']?>"
              <?php if($row_zy['zybm']==$row_bj['zybm']){echo "selected=''
selected";}?>>
              <?=$row_zy['zymc']?>
            </option>
            <?php
              }
            ?>
          </select>
        </td>
      </tr>
      <tr>
        <td height="28">班级编码<span class="start">*</span></td>
        <td>
           <input name="zybm2" type="text" id="zybm2" size="10" readonly="
           readonly"
                value="<?=$row_bj['zybm']?>" disabled="disabled" />
          <input type="text" name="bjbm" id="bjbm" value="<?php $num=strlen($row_
          bj['zybm']);echo substr($row_bj['bjbm'],$num);?>" disabled="disabled" />
          <span id="xbbm_tip" style="color:red;font-size:12px"></span>
        </td>
      </tr>
      <tr>
        <td height="28">班级名称<span class="start">*</span></td>
        <td>
          <input type="text" name="bjmc" id="bjmc" value="<?=$row_bj['bjmc']?>" />
          <span id="xbmc_tip" style="color:red;font-size:12px"></span>
        </td>
      </tr>
      <tr>
        <td height="40" colspan="2"><input type="button" name="btn1" id="btn1"
        value="提交" /></td>
      </tr>
    </table>
</body>
</html>
<?php
mysql_close($conn);
?>
```

该页面的效果如图 11-4 所示。

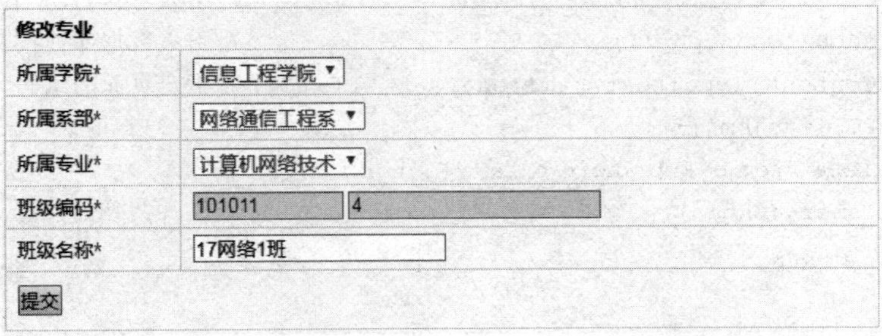

图 11-4　“修改班级-显示修改记录”页面

2. 编写“修改班级-更新数据库记录”页面文件

说明：“修改班级-更新数据库记录”页面文件名为 bj_modify_pass. php。

该页面文件的代码如下：

```
<?php
require_once('session.php');                          //引入 session.php 文件
require_once('conn.php');                             //引入数据库连接文件 conn.php
header("Content-Type:text/html;charset=utf-8"); //指定页面的编码为 utf-8
$bjbm=$_POST['bjbm'];
$bjmc=$_POST['bjmc'];
//判断专业名称是否可用
$bjmc_num=mysql_num_rows(mysql_query("select * from bjxxb where bjmc='".
$bjmc."'"));
if($bjmc_num>0){
    $arr['bjmc']="exist";
}
if($bjmc_num==0){
    $sql="update bjxxb set bjmc='".$bjmc."' where bjbm='".$bjbm."'";
    if(mysql_query($sql)){
        $arr['pass']="yes";
    }
}
echo json_encode($arr);
mysql_close($conn);
?>
```

11.2.4　删除班级

说明：“删除班级”页面文件名为 bj_delete. php。

该页面文件的代码如下：

```
<?php
```

```
require_once('session.php');                           //引入 session.php 文件
require_once('conn.php');                              //引入数据库连接文件 conn.php
header("Content-Type:text/html;charset=utf-8"); //指定页面的编码为 utf-8
$bjbm=$_POST['bjbm'];
$sql="delete from bjxxb where bjbm='".$bjbm."'";
if(mysql_query($sql)){
    echo "ok";
}
mysql_close($conn);
?>
```

11.3 经验传递

(1) 班级信息维护模块与专业信息维护模块一样，难点也在于多级联动的实现。

(2) json 是一种轻量级的数据交换格式，是连接前端与后端的桥梁，掌握 json 的应用有利于项目的开发。

11.4 知识拓展

json 在线教程：https://www.sojson.com/json/json_index.html

项目任务 12　开发学生信息维护模块

知识目标

(1) 掌握省、市、县三级联动插件的原理。

(2) 掌握 MySQL 多条件语句的拼接。

(3) 巩固 jQuery 中的常用事件、方法的应用。

(4) 巩固 PHP 对数据库记录的基本操作。

能力目标

(1) 能够根据班级信息维护模块界面原型设计并开发班级信息维护模块。

(2) 能够在项目中应用省、市、县三级联动插件。

(3) 能够实现多条件检索。

(4) 养成良好的代码编写习惯。

(5) 培养严谨的思维能力和敬业的工作态度。

任务描述

本项目任务是根据班级信息维护模块原型设计并开发班级信息维护模块。

12.1　知识准备

完成本任务所需知识在前面任务中已给出,此处不再重复。

12.2　任务实施

本任务的实现思路如图 12-1 所示。

学生信息维护模块主要由添加学生、输出学生列表、修改学生和删除学生四个功能操作组成。

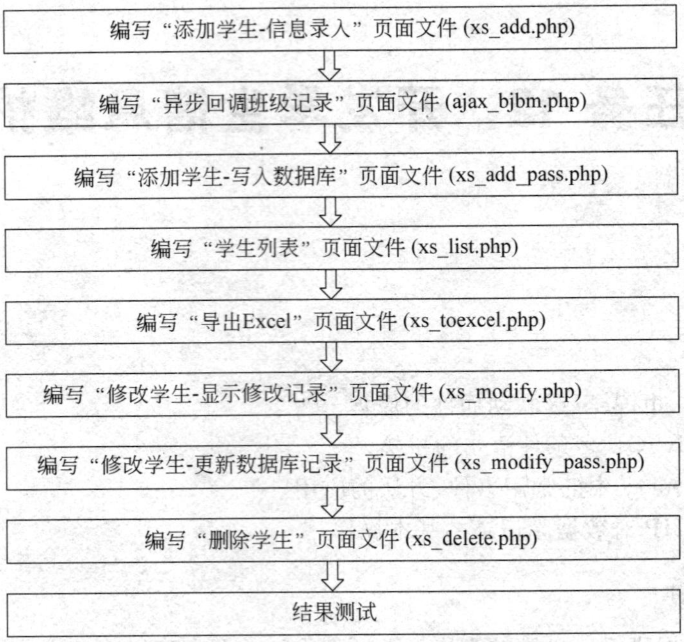

图 12-1 本任务的设计思路

12.2.1 添加学生

1. 设计“添加学生-信息录入”页面文件

说明：“添加学生-信息录入”页面文件的文件名为 xs_add.php。

该页面文件的代码如下：

```
<?php
require_once('session.php');
require_once('conn.php');
?>
<!DOCTYPE html PUBLIC "-//W3C//DTD XHTML 1.0 Transitional//EN" "http://www.w3.org/TR/xhtml1/DTD/xhtml1-transitional.dtd">
<html xmlns="http://www.w3.org/1999/xhtml">
<head>
<meta http-equiv="Content-Type" content="text/html; charset=utf-8" />
<title>添加班级</title>
<link href="css/table.css" rel="stylesheet" type="text/css" /><!--引入样式表文件-->
<script type="text/javascript" src="js/jquery-1.12.1.min.js"></script>
<script type="text/javascript" src="js/china_area.js"></script>
<script type="text/javascript">
$(document).ready(function(){
```

```
//单击"提交"按钮时进行非空验证
$("#btn1").click(function(){
    var xybm=$("#xybm option:selected").val();    //获取所选学院
    var xbbm=$("#xbbm option:selected").val();    //获取所选系部
    var zybm=$("#zybm option:selected").val();    //获取所选系部
    var bjbm=$("#bjbm").val();                    //获取班级编码
    var rxnf=$("#rxnf").val();                    //获取入学年份
    var xm=$("#xm").val();                        //获取姓名
    var xh=$("#xh").val();                        //获取学号
    var xb=$("#xb:checked").val();                //获取性别
    var sheng=$("#sheng").val();                  //获取省
    var shi=$("#shi").val();                      //获取市
    var xian=$("#xian").val();                    //获取县
    var xjzt=$("#xjzt:checked").val();            //获取学籍状态
    var zzmm=$("#zzmm").val();                    //获取政治面貌
    var csrq=$("#csrq").val();                    //获取出生日期
    var dzyx=$("#dzyx").val();                    //获取电子邮箱
    var lxdh=$("#lxdh").val();                    //获取联系电话
    var jtzz=$("#jtzz").val();                    //获取家庭住址
    //清空提示信息
    $("#xybm_tip,#xbbm_tip,#zybm_tip,#bjbm_tip,#rxnf_tip,#xm_tip,#xh_
tip,#xb_tip,#syd_tip,#xjzt_tip").text("");
    if(xybm==""){
        $("#xybm_tip").text("请选择学院!");
    }
    if(xbbm==""){
        $("#xbbm_tip").text("请选择系部!");
    }
    if(zybm==""){
        $("#zybm_tip").text("请选择专业编码!");
    }
    if(bjbm==""){
        $("#bjbm_tip").text("请选择班级编码!");
    }
    if(rxnf==""){
        $("#rxnf_tip").text("请输入入学年份!");
    }
    if(xm==""){
        $("#xm_tip").text("请输入姓名!");
    }
    if(xh==""){
        $("#xh_tip").text("请输入学号!");
    }
    if(xb==null){
```

```
        $("#xb_tip").text("请选择性别!");
    }
    if(sheng=="请选择省" || shi=="请选择市" || xian=="请选择县"){
        $("#syd_tip").text("请选择完整的生源地!");
    }
    if(xjzt==null){
        $("#xjzt_tip").text("请选择学籍状态!");
    }
    //提交数据
    if(xybm!="" && xbbm!="" && zybm!="" && bjbm!="" && rxnf!="" && xm!="" &&
        xh!="" && xb!=null && sheng!="请选择省" && shi!="请选择市" && xian!=
        "请选择县" && xjzt!=null){
        xh=eval(bjbm+xh);
        $.ajax({
            type:"POST",
            url:"xs_add_pass.php",
            dataType:"json",
            data:{xybm:xybm,xbbm:xbbm,zybm:zybm,bjbm:bjbm,rxnf:rxnf,xm:
                xm,xh:xh,xb:xb,zzmm:zzmm,csrq:csrq,dzyx:dzyx,lxdh:lxdh,
                sheng:sheng,shi:shi,xian:xian,jtzz:jtzz,xjzt:xjzt},
            success:function(data){
                //判断班级编码是否已存在
                if(data.xh=="exist"){
                    $("#xh_bjbm").html('该学号已存在');
                }
                //判断添加是否成功
                if(data.pass=="yes"){
                    alert('添加成功!');
                    window.location.href='xs_list.php';
                }else{
                    alert('添加失败!');
                }
            }
        });
    }
});
//当"学院"下拉列表发生变化时
$("#xybm").change(function(){
    var xybm=$("#xybm option:selected").val();
    $.ajax({
        type:"POST",
        url:"ajax/ajax_xbbm.php",
        data:{xybm:xybm},
        dataType:"html",
```

```
            success: function(data){
                if(data!="no"){
                    $("#xbbm option:not(:first)").remove();
                    $("#xbbm2").attr("value","");
                    $("#xbbm").append(data);
                }else{
                    $("#xbbm option:not(:first)").remove();
                    $("#xbbm2").attr("value","");
                }
            }
        });
    });
    //当“系部”下拉列表发生变化时
    $("#xbbm").change(function(){
        var xbbm=$("#xbbm option:selected").val();
        $.ajax({
            type:"POST",
            url:"ajax/ajax_zybm.php",
            data:{xbbm:xbbm},
            dataType:"html",
            success: function(data){
                if(data!="no"){
                    $("#zybm option:not(:first)").remove();
                    $("#zybm").append(data);
                }else{
                    $("#zybm option:not(:first)").remove();
                    $("#zybm2").attr("value","");
                }
            }
        });
    });
    //当“专业”下拉列表发生变化时
    $("#zybm").change(function(){
        var zybm=$("#zybm option:selected").val();
        $.ajax({
            type:"POST",
            url:"ajax/ajax_bjbm.php",
            data:{zybm:zybm},
            dataType:"html",
            success: function(data){
                if(data!="no"){
                    $("#bjbm option:not(:first)").remove();
                    $("#bjbm").append(data);
                }else{
```

```
                $("#bjbm option:not(:first)").remove();
                $("#xh").attr("value","");
            }
        }
    });
});
//当“班级”下拉列表发生变化时,自动填充学号前缀
$("#bjbm").change(function(){
    var bjbm2=$("#bjbm option:selected").val();
    $("#bjbm2").attr("value",bjbm2);
});
//初始化生源地
addressInit('sheng', 'shi', 'xian', '请选择省', '请选择市', '请选择县');});
</script>
</head>
<body>
<table width="98%"  border="1" cellspacing="0" cellpadding="0">
    <tr>
      <td colspan="4" class="tt">添加学生</td>
    </tr>
    <tr>
      <td width="13%" height="30">所属学院<span class="start">*</span></td>
      <td colspan="3">
          <select name="xybm" id="xybm">
            <option value="">--请选择--</option>
            <?php
            $sql_xy="select * from xyxxb";
            $result_xy=mysql_query($sql_xy);
            while($row_xy=mysql_fetch_array($result_xy)){
            ?>
            <option value="<?=$row_xy['xybm']?>"><?=$row_xy['xymc']?>
                </option>
            <?php
            }
            ?>
          </select>
        <span id="xybm_tip" style="color:red;font-size:12px"></span>
      </td>
    </tr>
    <tr>
      <td height="30">所属系部<span class="start">*</span></td>
      <td colspan="3">
        <select name="xbbm" id="xbbm">
          <option value="">--请选择--</option>
```

```
      </select>
      <span id="xbbm_tip" style="color:red;font-size:12px"></span>
    </td>
  </tr>
  <tr>
    <td height="30">所属专业<span class="start"> * </span></td>
    <td colspan="3">
        <select name="zybm" id="zybm">
        <option value="">--请选择--</option>
      </select>
      <span id="zybm_tip" style="color:red;font-size:12px"></span>
    </td>
  </tr>
  <tr>
    <td height="30">所属班级<span class="start"> * </span></td>
    <td colspan="3">
      <select name="bjbm" id="bjbm">
        <option value="">--请选择--</option>
      </select>
       <span id="bjbm_tip" style="color:red;font-size:12px"></span>
    </td>
  </tr>
  <tr>
    <td height="28">入学年份<span class="start"> * </span></td>
    <td width="29%">
      <input name="rxnf" type="text" id="rxnf" size="10" />
      <span id="rxnf_tip" style="color:red;font-size:12px"></span>
    </td>
    <td width="15%">姓名<span class="start"> * </span></td>
    <td width="43%">
      <input name="xm" type="text" id="xm" size="15" />
      <span id="xm_tip" style="color:red;font-size:12px"></span>
    </td>
  </tr>
  <tr>
    <td height="28">学号<span class="start"> * </span></td>
    <td>
      <input name="bjbm2" type="text" id="bjbm2" size="10" readonly=
          "readonly" />
      <input name="xh" type="text" id="xh" size="3" />
      <span id="xh_tip" style="color:red;font-size:12px"></span>
    </td>
    <td>性别<span class="start"> * </span></td>
    <td>
```

```
    <input name="xb" type="radio" id="xb" value="男" />男   
        <input name="xb" type="radio" id="xb" value="女" />女   
        <span id="xb_tip" style="color:red;font-size:12px"></span></td>
</tr>
<tr>
  <td height="28">政治面貌</td>
  <td>
    <input name="zzmm" type="radio" id="zzmm" value="群众" />群众   
    <input name="zzmm" type="radio" id="zzmm" value="团员" />团员   
    <input name="zzmm" type="radio" id="zzmm" value="党员" />党员   
    </td>
  <td>出生日期</td>
  <td>
    <script src="laydate/laydate.js"></script>
    <input type="text" name="csrq" id="csrq" class="laydate-icon" onclick=
       "laydate()" />
  </td>
</tr>
<tr>
  <td height="28">电子邮箱</td>
  <td>
    <input type="text" name="dzyx" id="dzyx" />
  </td>
  <td>家庭联系电话</td>
  <td>
    <input type="text" name="lxdh" id="lxdh" />
  </td>
</tr>
<tr>
  <td height="28">生源地<span class="start"> * </span></td>
  <td colspan="3">
    <select id="sheng"></select>
    <select id="shi"></select>
    <select id="xian"></select>
    <span id="syd_tip" style="color:red;font-size:12px"></span>
  </td>
</tr>
<tr>
  <td height="28">家庭住址</td>
  <td colspan="3">
    <input name="jtzz" type="text" id="jtzz" size="70" />
  </td>
</tr>
<tr>
```

```
      <td height="28">学籍状态<span class="start"> * </span></td>
      <td colspan="3">
        <input type="radio" name="xjzt" id="xjzt" value="注册学籍" />注册学籍
          
        <input type="radio" name="xjzt" id="xjzt" value="保留学籍" />保留学籍
          
        <input type="radio" name="xjzt" id="xjzt" value="休学" />休学
          
        <input type="radio" name="xjzt" id="xjzt" value="已离校" />已离校
           <span id="xjzt_tip" style="color:red;font-size:12px"></
        span></td>
    </tr>
    <tr>
      <td height="40" colspan="4"><input type="button" name="btn1" id="btn1"
          value="提交" /></td>
    </tr>
</table>
</body>
</html>
<?php
mysql_close($conn);
?>
```

该文件的页面效果如图 12-2 所示。

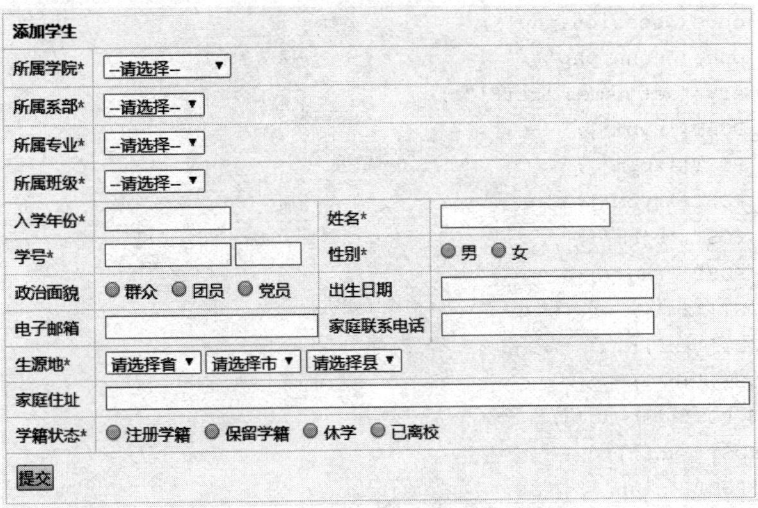

图 12-2　“添加学生-信息录入”页面效果

2. 编写“异步回调班级记录”页面文件

说明：“异步回调班级记录”页面文件的文件名为 ajax_bjbm. php。

该页面文件的代码如下：

```
<?php
require_once ('../session.php');
require_once ('../conn.php');
$sql="select * from bjxxb where zybm='".$_POST['zybm']."'";
$result=mysql_query($sql);
if(mysql_num_rows($result)>0){
    while($row=mysql_fetch_array($result)){
        ?>
        <option value="<?=$row['bjbm']?>"><?=$row['bjmc']?></option>
        <?php
    }
}else{
    echo "no";
}
mysql_close($conn);
?>
```

3. 编写"添加学生-写入数据库"页面文件

说明："添加学生-写入数据库"页面文件的文件名为 xs_add_pass.php。
该页面文件的代码如下：

```
<?php
require_once('session.php');
require_once('conn.php');
mysql_query("set names 'utf8'");
$xybm=$_POST['xybm'];
$xbbm=$_POST['xbbm'];
$zybm=$_POST['zybm'];
$bjbm=$_POST['bjbm'];
$rxnf=$_POST['rxnf'];
$xm=$_POST['xm'];
$xh=$_POST['xh'];
$xb=$_POST['xb'];
$sheng=$_POST['sheng'];
$shi=$_POST['shi'];
$xian=$_POST['xian'];
$xjzt=$_POST['xjzt'];
$zzmm=$_POST['zzmm'];
$csrq=$_POST['csrq'];
$dzyx=$_POST['dzyx'];
$lxdh=$_POST['lxdh'];
$jtzz=$_POST['jtzz'];
```

```
$xh_num=mysql_num_rows(mysql_query("select * from xsxxb where xh='".$xh."'"));
if($xh_num>0){
    $arr['xh']="exist";
}
if($xh_num==0){
    if(mysql_query("insert into xsxxb(xybm,xbbm,zybm,bjbm,rxnf,xm,xh,xb,
        sheng,shi,xian,xjzt,zzmm,csrq,dzyx,lxdh,jtzz)values('".$xybm."','".
        $xbbm."','".$zybm."','".$bjbm."','".$rxnf."','".$xm."','".$xh."','".
        $xb."','".$sheng."','".$shi."','".$xian."','".$xjzt."','".$zzmm."',
        '".$csrq."','".$dzyx."','".$lxdh."','".$jtzz."')")){
        $arr['pass']="yes";
    }
}
echo json_encode($arr);
mysql_close($conn);
?>
```

12.2.2　输出学生列表

1. 编写学生列表页面文件

说明：输出学生列表的页面文件名为 xs_list.php。

该页面文件的代码如下：

```
<?php
require_once('session.php');
require_once('conn.php');
//串接检索条件
    $sqlstr="";
    if($_GET['xybm']!=""){
        $sqlstr=$sqlstr." and xsxxb.xybm='".$_GET['xybm']."'";
        $cond="&xybm=".$_GET['xybm'];
    }
    if($_GET['xbbm']!=""){
        $sqlstr=$sqlstr." and xsxxb.xbbm='".$_GET['xbbm']."'";
        $cond=$cond."&xbbm=".$_GET['xbbm'];
    }
    if($_GET['zybm']!=""){
        $sqlstr=$sqlstr." and xsxxb.zybm='".$_GET['zybm']."'";
        $cond=$cond."&zybm=".$_GET['zybm'];
    }
    if($_GET['bjbm']!=""){
        $sqlstr=$sqlstr." and xsxxb.bjbm='".$_GET['bjbm']."'";
        $cond=$cond."&bjbm=".$_GET['bjbm'];
```

```
    }
    if($_GET['xjzt']!=""){
        $sqlstr=$sqlstr." and xsxxb.xjzt='".$_GET['xjzt']."'";
        $cond=$cond."&xjzt=".$_GET['xjzt'];
    }
    if($_GET['zzmm']!=""){
        $sqlstr=$sqlstr." and xsxxb.zzmm='".$_GET['zzmm']."'";
        $cond=$cond."&zzmm=".$_GET['zzmm'];
    }
    if($_GET['xm']!=""){
        $sqlstr=$sqlstr." and xsxxb.xm='".$_GET['xm']."'";
        $cond=$cond."&xm=".$_GET['xm'];
    }
    if($_GET['xh']!=""){
        $sqlstr=$sqlstr." and xsxxb.xh='".$_GET['xh']."'";
        $cond=$cond."&xh=".$_GET['xh'];
    }
    if($_GET['rxnf']!=""){
        $sqlstr=$sqlstr." and xsxxb.rxnf='".$_GET['rxnf']."'";
        $cond=$cond."&rxnf=".$_GET['rxnf'];
    }
?>
<!DOCTYPE html PUBLIC "-//W3C//DTD XHTML 1.0 Transitional//EN" "http://www.w3.org/TR/xhtml1/DTD/xhtml1-transitional.dtd">
<html xmlns="http://www.w3.org/1999/xhtml">
<head>
<meta http-equiv="Content-Type" content="text/html; charset=utf-8" />
<title>学生基本信息管理系统</title>
<link href="css/table.css" rel="stylesheet" type="text/css" />
<script type="text/javascript" src="js/jquery-1.12.1.min.js"></script>
<script type="text/javascript">
$(document).ready(function(e) {
    //当"学院"下拉列表发生变化时
    $("#xybm").change(function(){
        var xybm=$("#xybm option:selected").val();
        $.ajax({
            type:"POST",
            url:"ajax/ajax_xbbm.php",
            data:{xybm:xybm},
            dataType:"html",
            success: function(data){
                if(data!="no"){
                    $("#xbbm option:not(:first)").remove();
                    $("#xbbm2").attr("value","");
```

```
                $("#xbbm").append(data);
            }else{
                $("#xbbm option:not(:first)").remove();
                $("#xbbm2").attr("value","");
            }
        }
    });
});
//当“系部”下拉列表发生变化时
$("#xbbm").change(function(){
    var xbbm=$("#xbbm option:selected").val();
    $.ajax({
        type:"POST",
        url:"ajax/ajax_zybm.php",
        data:{xbbm:xbbm},
        dataType:"html",
        success: function(data){
            if(data!="no"){
                $("#zybm option:not(:first)").remove();
                $("#zybm").append(data);
            }else{
                $("#zybm option:not(:first)").remove();
                $("#zybm2").attr("value","");
            }
        }
    });
});
//当“专业”下拉列表发生变化时
$("#zybm").change(function(){
    var zybm=$("#zybm option:selected").val();
    $.ajax({
        type:"POST",
        url:"ajax/ajax_bjbm.php",
        data:{zybm:zybm},
        dataType:"html",
        success: function(data){
            if(data!="no"){
                $("#bjbm option:not(:first)").remove();
                $("#bjbm").append(data);
            }else{
                $("#bjbm option:not(:first)").remove();
                $("#xh").attr("value","");
            }
        }
```

```
            });
        });
    });
    //无刷新并删除学院信息函数
    function xs_delete(id){
        $.ajax({
            type:"POST",
            url:"xs_delete.php",
            dataType:"TEXT",
            data:{xh:id},
            success:function(data){
                if(data.trim()=="ok"){
                    alert('删除成功!');
                    $("#tr_"+id).remove();                //删除成功后移除这行数据
                }else{
                    alert('删除失败');
                }
            }
        });
    }
    </script>
    </head>
    <body>
    <table width="98%" border="1" cellpadding="0" cellspacing="0">
        <tr>
            <td height="32" colspan="11" class="tt">学生列表</td>
        </tr>
        <form id="form1" action="xs_list.php" method="get">
            <tr>
                <td height="78"><span class="tt">检索:</span></td>
                <td colspan="8">
                    <select name="xybm" id="xybm">
                        <option value="">--学院--</option>
                <?php
                $sql_xy="select * from xyxxb";
                $result_xy=mysql_query($sql_xy);
                while($row_xy=mysql_fetch_array($result_xy)){
                ?>
                        <option value="<?=$row_xy['xybm']?>">
                        <?=$row_xy['xymc']?>
                        </option>
                <?php
                }
                ?>
```

```
        </select>
          
        <select name="xbbm" id="xbbm">
            <option value="">--系--</option>
        </select>
          
        <select name="zybm" id="zybm">
            <option value="">--专业--</option>
        </select>
          
        <select name="bjbm" id="bjbm">
            <option value="">--班级--</option>
        </select>
          
        <select name="xjzt" id="xjzt">
            <option value="">--学籍状态--</option>
            <option value="注册学籍">注册学籍</option>
            <option value="保留学籍">保留学籍</option>
            <option value="休学">休学</option>
            <option value="已离校">已离校</option>
        </select>
          <br />
        <br />
        <select name="zzmm" id="zzmm">
            <option value="">--政治面貌--</option>
            <option value="群众">群众</option>
            <option value="团员">团员</option>
            <option value="党员">党员</option>
        </select>
          
        姓名：
        <input name="xm" type="text" id="xm" value="" size="10" />
          
        学号：
        <input name="xh" type="text" id="xh" value="" size="15" />
          
        入学年份：
        <input name="rxnf" type="text" id="rxnf" value="" size="8" />
    </td>
    <td colspan="2">
        <input type="submit" name="search" id="search" value="检索" />
    </td>
  </tr>
</form>
```

```
<tr>
    <td height="40">操作</td>
    <td height="40" colspan="3" style="background:url(images/excel.png)
        6px center no-repeat;padding-left:35px;"><a target="_blank" href
        ="xs_toexcel.php<?php if ($sqlstr!="") {echo "?".ltrim($cond,"
        &");}?>">导出 Excel 表格</a></td>
    <td height="40"> </td>
    <td height="40"> </td>
    <td height="40"> </td>
    <td height="40"> </td>
    <td height="40"> </td>
    <td height="40"> </td>
    <td height="40"> </td>
</tr>
<tr>
    <td width="9%" height="28"><strong>学号</strong></td>
    <td width="9%"><strong>姓名</strong></td>
    <td width="6%"><strong>性别</strong></td>
    <td width="11%"><strong>学院</strong></td>
    <td width="13%"><strong>系部</strong></td>
    <td width="16%"><strong>专业</strong></td>
    <td width="13%"><strong>班级</strong></td>
    <td width="13%">入学年份</td>
    <td width="9%"><strong>学籍状态</strong></td>
    <td colspan="2"><strong>操作</strong></td>
</tr>
<?php
 //记录的总条数
if(isset($_GET['search'])){
    $total_num=mysql_num_rows(mysql_query("select xh from xsxxb where 1=
        1".$sqlstr));
}else{
    $total_num=mysql_num_rows(mysql_query("select xh from xsxxb"));
}
//设置每页显示的记录数
$pagesize=10;
//计算总页数
$page_num=ceil($total_num/$pagesize);
//设置页数
$page=$_GET['page'];
if($page<1 || $page==''){
    $page=1;
}
if($page>$page_num){
```

```
        $page=$page_num;
    }
    //计算记录的偏移量
    $offset=$pagesize*($page-1);
    //上一页、下一页
    $prepage=($page<>1)?$page-1:$page;
    $nextpage=($page<>$page_num)?$page+1:$page;

    //根据条件拼接 SQL 语句
    $sql="select xsxxb.*,xyxxb.xymc,xbxxb.xbmc,zyxxb.zymc,bjxxb.bjmc from
        xsxxb,xyxxb,xbxxb,zyxxb,bjxxb where xsxxb.xybm=xyxxb.xybm and xsxxb.
        xbbm=xbxxb.xbbm and xsxxb.zybm=zyxxb.zybm and xsxxb.bjbm=bjxxb.bjbm";
    if($sqlstr!=""){
        $sql=$sql.$sqlstr." limit $offset,$pagesize";//进行条件检索的 SQL 语句
    }else{
        $sql=$sql." limit $offset,$pagesize";
    }
    //执行 SQL 语句
    $result=mysql_query($sql);
    if($total_num>0){
    while($row=mysql_fetch_array($result)){
    ?>
    <tr id="tr_<?=$row['xh']?>">
        <td height="25"><?=$row['xh']?></td>
        <td><?=$row['xm']?></td>
        <td><?=$row['xb']?></td>
        <td><?=$row['xymc']?></td>
        <td><?=$row['xbmc']?></td>
        <td><?=$row['zymc']?></td>
        <td><?=$row['bjmc']?></td>
        <td><?=$row['rxnf']?></td>
        <td><?=$row['xjzt']?></td>
        <td width="7%">
            <input type="button" name="button1" id="button1" value="修改"
                onclick="window.location.href='xs_modify.php?xh=<?=$row['xh
                ']?>'" />
        </td>
        <td width="7%">
            <input type="button" name="button2" id="button2" value="删除"
                onclick="xs_delete('<?=$row['xh']?>')" />
        </td>
    </tr>
    <?php
}
```

```
    }else{
    ?>
      <tr>
          <td height="39" colspan="11" align="center"><span style="color:red;">暂
              无记录!</span></td>
      </tr>
      <?php
    }
    ?>
      <tr>
          <td height="39" colspan="11" align="center">
              <?=$page?>
              /
              <?=$page_num?>
                 <a href="?page=1<?=$cond?>">首页</a>
                 <a href="?page=<?=$prepage?><?=$cond?>">上一页</a>
                 <a href="?page=<?=$nextpage?><?=$cond?>">下一页</a>
                 <a href="?page=<?=$page_num?><?=$cond?>">尾页</a>
          </td>
      </tr>
  </table>
  </body>
  </html>
  <?php
  mysql_close($conn);
  ?>
```

该文件的页面效果如图 12-3 所示。

学生列表

检索： --学院-- --系-- --专业-- --班级-- --学籍状态-- --政治面貌-- 姓名： 学号： 入学年份： 检索

操作 导出EXCEL表格

学号	姓名	性别	学院	系部	专业	班级	入学年份	学籍状态	操作	
1010111412	李活	男	信息工程学院	网络通信工程系	计算机网络技术	14网络1班	2014	注册学籍	修改	删除
10101114102	张三	男	信息工程学院	网络通信工程系	计算机网络技术	14网络1班	2014	保留学籍	修改	删除
1010111521	张树	男	信息工程学院	网络通信工程系	计算机网络技术	15网络2班	2015	注册学籍	修改	删除
1030110101	王红	女	工商学院	会计系	会计电算化	15会计1班	2015	注册学籍	修改	删除
10101115303	王五	男	信息工程学院	网络通信工程系	计算机网络技术	15网络3班	2015	注册学籍	修改	删除
1010111611	测试	男	信息工程学院	网络通信工程系	计算机网络技术	16网络1班	2016	注册学籍	修改	删除
1010111612	测试	男	信息工程学院	网络通信工程系	计算机网络技术	16网络1班	2016	注册学籍	修改	删除
1010111613	测试	男	信息工程学院	网络通信工程系	计算机网络技术	16网络1班	2016	注册学籍	修改	删除
1010111614	测试	男	信息工程学院	网络通信工程系	计算机网络技术	16网络1班	2016	注册学籍	修改	删除
1010111413	李中	男	信息工程学院	网络通信工程系	计算机网络技术	14网络1班	2014	注册学籍	修改	删除

1/2 首页 上一页 下一页 尾页

图 12-3　学生列表页面

2. 编写将数据导出为 Excel 页面文件

说明：将数据导出为 Excel 页面文件的名称为 xs_toexcel.php。

该页面文件的代码如下：

```
<?php
require_once('session.php');
require_once('conn.php');
function excelData($datas,$titlename,$title,$filename){
    $str ="<html xmlns:o=\"urn:schemas-microsoft-com:office:office\"\r\
        nxmlns:x=\"urn:schemas-microsoft-com:office:excel\"\r\nxmlns=\"
        http://www.w3.org/TR/REC-html40\">\r\n<head>\r\n<meta http-equiv=
        Content-Type content=\"text/html; charset=utf-8\">\r\n</head>\r\n<
        body>";
    $str .="<table border=1><head>".$titlename."</head>";
    $str .=$title;
    foreach ($datas  as $key=>$rt )
    {
        $str .="<tr>";
        foreach ( $rt as $k =>$v )
        {
            $str .="<td>{$v}</td>";
        }
        $str .="</tr>\n";
    }
    $str .="</table></body></html>";
    header( "Content-Type: application/vnd.ms-excel; name='excel'" );
    header( "Content-type: application/octet-stream" );
    header( "Content-Disposition: attachment; filename=".$filename );
    header( "Cache-Control: must-revalidate, post-check=0, pre-check=0" );
    header( "Pragma: no-cache" );
    header( "Expires: 0" );
    exit( $str );
}
//串接检索条件
    $sqlstr="";
    if($_GET['xybm']!=""){
        $sqlstr=$sqlstr." and xsxxb.xybm='".$_GET['xybm']."'";
    }
    if($_GET['xbbm']!=""){
        $sqlstr=$sqlstr." and xsxxb.xbbm='".$_GET['xbbm']."'";
    }
    if($_GET['zybm']!=""){
        $sqlstr=$sqlstr." and xsxxb.zybm='".$_GET['zybm']."'";
```

```
    }
    if($_GET['bjbm']!=""){
        $sqlstr=$sqlstr." and xsxxb.bjbm='".$_GET['bjbm']."'";
    }
    if($_GET['xjzt']!=""){
        $sqlstr=$sqlstr." and xsxxb.xjzt='".$_GET['xjzt']."'";
    }
    if($_GET['zzmm']!=""){
        $sqlstr=$sqlstr." and xsxxb.zzmm='".$_GET['zzmm']."'";
    }
    if($_GET['xm']!=""){
        $sqlstr=$sqlstr." and xsxxb.xm='".$_GET['xm']."'";
    }
    if($_GET['xh']!=""){
        $sqlstr=$sqlstr." and xsxxb.xh='".$_GET['xh']."'";
    }
    if($_GET['rxnf']!=""){
        $sqlstr=$sqlstr." and xsxxb.rxnf='".$_GET['rxnf']."'";
    }
    //根据条件拼接 SQL 语句
    $sql="select xsxxb.xh,xsxxb.xm,xsxxb.xb,xsxxb.csrq,xsxxb.zzmm,xsxxb.
        sheng,xsxxb.shi,xsxxb.xian,xsxxb.dzyx,xsxxb.lxdh,xsxxb.jtzz,xsxxb.
        rxnf,xymc,xbmc,zymc,bjmc,xjzt,xyxxb.xymc,xbxxb.xbmc,zyxxb.zymc,
        bjxxb.bjmc from xsxxb,xyxxb,xbxxb,zyxxb,bjxxb where xsxxb.xybm=xyxxb.
        xybm and xsxxb.xbbm=xbxxb.xbbm and xsxxb.zybm=zyxxb.zybm and xsxxb.
        bjbm=bjxxb.bjbm";
    if($sqlstr!=""){
        $sql=$sql.$sqlstr;//进行条件检索的 SQL 语句
    }
$result=mysql_query($sql);
//将查询出来的结果集转换成数组
while($row =mysql_fetch_assoc($result)){
    $dataResult[] =$row;
}
$headTitle ="学生信息表";
$title ="学生信息表";
$headtitle="<tr style='height:50px;border-style:none;><th border=\"0\"
     style = ' height: 60px; width: 270px; font - size: 22px; ' colspan = ' 11 ' >
    {$headTitle}</th></tr>";
$titlename ="<tr>
               <th style='width:100px;' >学号</th>
               <th style='width:70px;' >姓名</th>
               <th style='width:50px;'>性别</th>
               <th style='width:70px;'>出生日期</th>
```

```
            <th style='width:70px;'>政治面貌</th>
            <th style='width:70px;'>省</th>
            <th style='width:70px;'>市</th>
            <th style='width:70px;'>县</th>
            <th style='width:70px;'>电子邮箱</th>
            <th style='width:70px;'>联系电话</th>
            <th style='width:90px;'>家庭信址</th>
            <th style='width:90px;'>入学年份</th>
            <th style='width:110px;'>学院</th>
            <th style='width:110px;'>系部</th>
            <th style='width:110px;'>专业</th>
            <th style='width:110px;'>班级</th>
            <th style='width:70px;'>学籍状态</th>
        </tr>";
        $filename =$title.".xls";
    excelData($dataResult,$titlename,$headtitle,$filename);
?>
```

12.2.3　修改学生

1. 编写“修改学生-显示修改记录”页面文件

说明：“修改学生-显示修改记录”页面文件名为 xs_modify.php。

该页面文件的代码如下：

```
<?php
require_once('session.php');
require_once('conn.php');
$xh=$_GET['xh'];
$sql="select * from xsxxb where xh='".$xh."'";
$result=mysql_query($sql);
$row=mysql_fetch_array($result);
?>
<!DOCTYPE html PUBLIC "-//W3C//DTD XHTML 1.0 Transitional//EN" "http://www.w3.
org/TR/xhtml1/DTD/xhtml1-transitional.dtd">
<html xmlns="http://www.w3.org/1999/xhtml">
<head>
<meta http-equiv="Content-Type" content="text/html; charset=utf-8" />
<title>修改学生信息</title>
<link href="css/table.css" rel="stylesheet" type="text/css" /><!--引入样式表
文件-->
<script type="text/javascript" src="js/jquery-1.12.1.min.js"></script>
<script type="text/javascript" src="js/china_area.js"></script>
<script type="text/javascript">
```

```
$(document).ready(function(){
    //单击"提交"按钮时进行非空验证
    $("#btn1").click(function(){
        var xybm=$("#xybm option:selected").val();      //获取所选学院
        var xbbm=$("#xbbm option:selected").val();      //获取所选系部
        var zybm=$("#zybm option:selected").val();      //获取所选系部
        var bjbm=$("#bjbm").val();                      //获取班级编码
        var rxnf=$("#rxnf").val();                      //获取入学年份
        var xm=$("#xm").val();                          //获取姓名
        var xh=$("#xh").val();                          //获取学号
        var xb=$("#xb:checked").val();                  //获取性别
        var sheng=$("#sheng").val();                    //获取省
        var shi=$("#shi").val();                        //获取市
        var xian=$("#xian").val();                      //获取县
        var xjzt=$("#xjzt:checked").val();              //获取学籍状态
        var zzmm=$("#zzmm").val();                      //获取政治面貌
        var csrq=$("#csrq").val();                      //获取出生日期
        var dzyx=$("#dzyx").val();                      //获取电子邮箱
        var lxdh=$("#lxdh").val();                      //获取联系电话
        var jtzz=$("#jtzz").val();                      //获取家庭住址
        //清空提示信息
    $("#xybm_tip,#xbbm_tip,#zybm_tip,#bjbm_tip,#rxnf_tip,#xm_tip,#xh_tip,#
        xb_tip,#syd_tip,#xjzt_tip").text("");
        if(xybm==""){
            $("#xybm_tip").text("请选择学院!");
        }
        if(xbbm==""){
            $("#xbbm_tip").text("请选择系部!");
        }
        if(zybm==""){
            $("#zybm_tip").text("请选择专业编码!");
        }
        if(bjbm==""){
            $("#bjbm_tip").text("请选择班级编码!");
        }
        if(rxnf==""){
            $("#rxnf_tip").text("请输入入学年份!");
        }
        if(xm==""){
            $("#xm_tip").text("请输入姓名!");
        }
        if(xh==""){
            $("#xh_tip").text("请输入学号!");
        }
```

```
if(xb==null){
    $("#xb_tip").text("请选择性别!");
}
if(sheng=="请选择省" || shi=="请选择市" || xian=="请选择县"){
    $("#syd_tip").text("请选择完整的生源地!");
}
if(xjzt==null){
    $("#xjzt_tip").text("请选择学籍状态!");
}
//提交数据
if(xybm!="" && xbbm!="" && zybm!="" && bjbm!="" && rxnf!="" && xm!="" &&
    xh!="" && xb!=null && sheng!="请选择省" && shi!="请选择市" && xian!=
    "请选择县" && xjzt!=null){
    xh=eval(bjbm+xh);
    //判断学号是否已被修改
    if(<?=$row['xh']?>==xh){
        xhissame="yes";
    }else{
        xhissame="no";
    }
    $.ajax({
        type:"POST",
        url:"xs_modify_pass.php",
        dataType:"json",
        data:{xybm:xybm,xbbm:xbbm,zybm:zybm,bjbm:bjbm,rxnf:rxnf,xm:
            xm,xh:<?=$row['xh']?>,xb:xb,zzmm:zzmm,csrq:csrq,dzyx:
            dzyx,lxdh:lxdh,sheng:sheng,shi:shi,xian:xian,jtzz:jtzz,
            xjzt:xjzt,xhissame:xhissame,xxh:xh},
        success:function(data){
            //alert(data);
            //判断班级编码是否已存在
            if(data.xh=="exist"){
                $("#xh_bjbm").html('该学号已存在');
            }
            //判断添加是否成功
            if(data.pass=="yes"){
                alert('修改成功!');
                window.location.href='xs_list.php';
            }else{
                alert('修改失败!');
            }
        }
    });
}
```

```
});
//当"学院"下拉列表发生变化时
$("#xybm").change(function(){
    var xybm=$("#xybm option:selected").val();
    $.ajax({
        type:"POST",
        url:"ajax/ajax_xbbm.php",
        data:{xybm:xybm},
        dataType:"html",
        success: function(data){
            if(data!="no"){
                $("#xbbm option:not(:first)").remove();
                $("#xbbm2").attr("value","");
                $("#xbbm").append(data);
            }else{
                $("#xbbm option:not(:first)").remove();
                $("#xbbm2").attr("value","");
            }
        }
    });
});
//当"系部"下拉列表发生变化时
$("#xbbm").change(function(){
    var xbbm=$("#xbbm option:selected").val();
    $.ajax({
        type:"POST",
        url:"ajax/ajax_zybm.php",
        data:{xbbm:xbbm},
        dataType:"html",
        success: function(data){
            if(data!="no"){
                $("#zybm option:not(:first)").remove();
                $("#zybm").append(data);
            }else{
                $("#zybm option:not(:first)").remove();
                $("#zybm2").attr("value","");
            }
        }
    });
});
//当"专业"下拉列表发生变化时
$("#zybm").change(function(){
    var zybm=$("#zybm option:selected").val();
    $.ajax({
```

```
            type:"POST",
            url:"ajax/ajax_bjbm.php",
            data:{zybm:zybm},
            dataType:"html",
            success: function(data){
                if(data!="no"){
                    $("#bjbm option:not(:first)").remove();
                    $("#bjbm").append(data);
                }else{
                    $("#bjbm option:not(:first)").remove();
                    $("#xh").attr("value","");
                }
            }
        });
    });
    //当"班级"下拉列表发生变化时,自动填充学号的前部
    $("#bjbm").change(function(){
        var bjbm2=$("#bjbm option:selected").val();
        $("#bjbm2").attr("value",bjbm2);
    });
    //初始化生源地
    addressInit('sheng', 'shi', 'xian', '<?=$row['sheng']?>', '<?=$row['shi']?>',
        '<?=$row['xian']?>');
    });
</script>
</head>
<body>
<table width="98%"  border="1" cellspacing="0" cellpadding="0">
    <tr>
      <td colspan="4" class="tt">修改学生</td>
    </tr>
    <tr>
      <td width="13%" height="30">所属学院<span class="start">*</span></td>
      <td colspan="3">
          <select name="xybm" id="xybm">
            <option value="">--请选择--</option>
            <?php
            $sql_xy="select * from xyxxb";
            $result_xy=mysql_query($sql_xy);
            while($row_xy=mysql_fetch_array($result_xy)){
            ?>
            <option value="<?=$row_xy['xybm']?>" <?php if($row_xy['xybm']==$row
                ['xybm']){echo "selected='selected'";}?>><?=$row_xy['xymc']?>
              </option>
```

```
        <?php
        }
        ?>
      </select>
     <span id="xybm_tip" style="color:red;font-size:12px"></span>
    </td>
  </tr>
  <tr>
    <td height="30">所属系部<span class="start"> * </span></td>
    <td colspan="3">
      <select name="xbbm" id="xbbm">
        <option value="">--请选择--</option>
        <?php
          $sql_xb="select * from xbxxb";
          $result_xb=mysql_query($sql_xb);
          while($row_xb=mysql_fetch_array($result_xb)){
          ?>
          <option value="<?=$row_xb['xbbm']?>" <?php if($row_xb['xbbm']==$row
              ['xbbm']){echo "selected='selected'";}?>><?=$row_xb['xbmc']?>
            </option>
          <?php
          }
          ?>
      </select>
      <span id="xbbm_tip" style="color:red;font-size:12px"></span>
    </td>
  </tr>
  <tr>
    <td height="30">所属专业<span class="start"> * </span></td>
    <td colspan="3">
        <select name="zybm" id="zybm">
        <option value="">--请选择--</option>
        <?php
          $sql_zy="select * from zyxxb";
          $result_zy=mysql_query($sql_zy);
          while($row_zy=mysql_fetch_array($result_zy)){
          ?>
          <option value="<?=$row_zy['zybm']?>" <?php if($row_zy['zybm']==$row
              ['zybm']){echo "selected='selected'";}?>><?=$row_zy['zymc']?>
            </option>
          <?php
          }
          ?>
      </select>
```

```
    <span id="zybm_tip" style="color:red;font-size:12px"></span>
  </td>
</tr>
<tr>
  <td height="30">所属班级<span class="start"> * </span></td>
  <td colspan="3">
    <select name="bjbm" id="bjbm">
      <option value="">--请选择--</option>
      <?php
        $sql_bj="select * from bjxxb";
        $result_bj=mysql_query($sql_bj);
        while($row_bj=mysql_fetch_array($result_bj)){
        ?>
        <option value="<?=$row_bj['bjbm']?>" <?php if($row_bj['bjbm']==
            $row['bjbm']){echo "selected='selected'";}?>><?=$row_bj['
            bjmc']?></option>
        <?php
        }
        ?>
    </select>
     <span id="bjbm_tip" style="color:red;font-size:12px"></span>
  </td>
</tr>
<tr>
  <td height="28">入学年份<span class="start"> * </span></td>
  <td width="29%">
    <input name="rxnf" type="text" id="rxnf" value="<?=$row['rxnf']?>"
        size="10" />
    <span id="rxnf_tip" style="color:red;font-size:12px"></span>
  </td>
  <td width="15%">姓名<span class="start"> * </span></td>
  <td width="43%">
    <input name="xm" type="text" id="xm" value="<?=$row['xm']?>" size="15" />
    <span id="xm_tip" style="color:red;font-size:12px"></span>
  </td>
</tr>
<tr>
  <td height="28">学号<span class="start"> * </span></td>
  <td>
    <input name="bjbm2" type="text" id="bjbm2" value="<?=$row['bjbm']?>"
        size="10" readonly="readonly" />
    <input name="xh" type="text" id="xh" size="3" value="<?php $num=
        strlen($row['bjbm']);echo substr($row['xh'],$num);?>" />
    <span id="xh_tip" style="color:red;font-size:12px"></span>
```

```
    </td>
    <td>性别<span class="start"> * </span></td>
    <td>
      <input name="xb" type="radio" id="xb" value="男" <?php if($row['xb']==
          "男"){echo "checked='checked'";}?>/>
          男   
<input name="xb" type="radio" id="xb" value="女" <?php if($row['xb']=="女")
    {echo "checked='checked'";}?>/>
   女    <span id="xb_tip" style="color:red;font-size:12px"></
   span></td>
   </tr>
   <tr>
    <td height="28">政治面貌</td>
    <td>
      <input name="zzmm" type="radio" id="zzmm" value="群众" <?php if($row
      ['zzmm']=="群众"){echo "checked='checked'";}?>/>
      群众   
      <input name="zzmm" type="radio" id="zzmm" value="团员" <?php if($row
      ['zzmm']=="团员"){echo "checked='checked'";}?>/>
      团员   
      <input name="zzmm" type="radio" id="zzmm" value="党员" <?php if($row
      ['zzmm']=="党员"){echo "checked='checked'";}?>/>
      党员   </td>
    <td>出生日期</td>
    <td>
      <script src="laydate/laydate.js"></script>
      <input name="csrq" type="text" id="csrq" value="<?=$row['csrq']?>"
          class="laydate-icon" onclick="laydate()" />
    </td>
   </tr>
   <tr>
    <td height="28">电子邮箱</td>
    <td>
      <input name="dzyx" type="text" id="dzyx" value="<?=$row['dzyx']?>" />
    </td>
    <td>家庭联系电话</td>
    <td>
      <input name="lxdh" type="text" id="lxdh" value="<?=$row['lxdh']?>" />
    </td>
   </tr>
   <tr>
    <td height="28">生源地<span class="start"> * </span></td>
    <td colspan="3">
```

```
        <select id="sheng"></select>
      <select id="shi"></select>
      <select id="xian"></select>
      <span id="syd_tip" style="color:red;font-size:12px"></span>
    </td>
  </tr>
  <tr>
    <td height="28">家庭住址</td>
    <td colspan="3">
      <input name="jtzz" type="text" id="jtzz" value="<?=$row['jtzz']?>
        " size="70" />
    </td>
  </tr>
  <tr>
    <td height="28">学籍状态<span class="start"> * </span></td>
    <td colspan="3">
      <input type="radio" name="xjzt" id="xjzt" value="注册学籍" <?php if
      ($row['xjzt']=="注册学籍"){echo "checked='checked'";}?>/>
      注册学籍   
      <input type="radio" name="xjzt" id="xjzt" value="保留学籍" <?php if
      ($row['xjzt']=="保留学籍"){echo "checked='checked'";}?>/>
      保留学籍   
      <input type="radio" name="xjzt" id="xjzt" value="休学" <?php if($row['
      xjzt']=="休学"){echo "checked='checked'";}?>/>
      休学   
      <input type="radio" name="xjzt" id="xjzt" value="已离校" <?php if
      ($row['xjzt']=="已离校"){echo "checked='checked'";}?>/>
      已离校    <span id="xjzt_tip" style="color:red;font-size:
      12px"></span></td>
  </tr>
  <tr>
    <td height="40" colspan="4"><input type="button" name="btn1" id="btn1"
        value="提交" /></td>
  </tr>
</table>
</body>
</html>
<?php
mysql_close($conn);
?>
```

该页面的效果如图 12-4 所示。

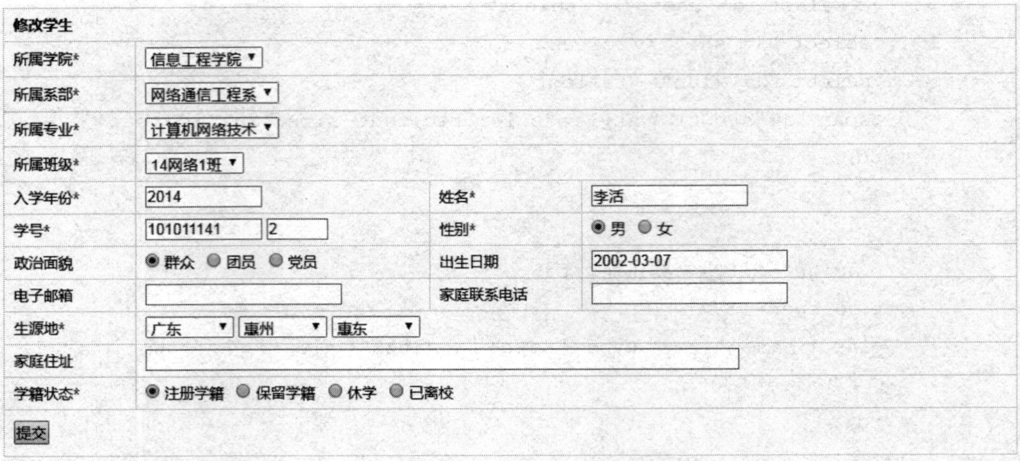

图 12-4 “修改学生-显示修改记录”页面

2. 编写“修改学生-更新数据库记录”页面文件

说明：“修改学生-更新数据库记录”页面文件名为 xs_modify_pass. php。

该页面文件的代码如下：

```
<?php
require_once('session.php');
require_once('conn.php');
$xh=$_GET['xh'];
$sql="select * from xsxxb where xh='".$xh."'";
$result=mysql_query($sql);
$row=mysql_fetch_array($result);
?>
<!DOCTYPE html PUBLIC "-//W3C//DTD XHTML 1.0 Transitional//EN" "http://www.w3.
org/TR/xhtml1/DTD/xhtml1-transitional.dtd">
<html xmlns="http://www.w3.org/1999/xhtml">
<head>
<meta http-equiv="Content-Type" content="text/html; charset=utf-8" />
<title>修改学生信息</title>
<link href="css/table.css" rel="stylesheet" type="text/css" /><!--引入样式表
文件-->
<script type="text/javascript" src="js/jquery-1.12.1.min.js"></script>
<script type="text/javascript" src="js/china_area.js"></script>
<script type="text/javascript">
$(document).ready(function(){
    //单击“提交”按钮时进行非空验证
    $("#btn1").click(function(){
        var xybm=$("#xybm option:selected").val();     //获取所选学院
```

```
    var xbbm=$("#xbbm option:selected").val();      //获取所选系部
    var zybm=$("#zybm option:selected").val();      //获取所选系部
    var bjbm=$("#bjbm").val();                      //获取班级编码
    var rxnf=$("#rxnf").val();                      //获取入学年份
    var xm=$("#xm").val();                          //获取姓名
    var xh=$("#xh").val();                          //获取学号
    var xb=$("#xb:checked").val();                  //获取性别
    var sheng=$("#sheng").val();                    //获取省
    var shi=$("#shi").val();                        //获取市
    var xian=$("#xian").val();                      //获取县
    var xjzt=$("#xjzt:checked").val();              //获取学籍状态
    var zzmm=$("#zzmm").val();                      //获取政治面貌
    var csrq=$("#csrq").val();                      //获取出生日期
    var dzyx=$("#dzyx").val();                      //获取电子邮箱
    var lxdh=$("#lxdh").val();                      //获取联系电话
    var jtzz=$("#jtzz").val();                      //获取家庭住址
    //清空提示信息
$("#xybm_tip,#xbbm_tip,#zybm_tip,#bjbm_tip,#rxnf_tip,#xm_tip,#xh_tip,#
    xb_tip,#syd_tip,#xjzt_tip").text("");
    if(xybm==""){
        $("#xybm_tip").text("请选择学院!");
    }
    if(xbbm==""){
        $("#xbbm_tip").text("请选择系部!");
    }
    if(zybm==""){
        $("#zybm_tip").text("请选择专业编码!");
    }
    if(bjbm==""){
        $("#bjbm_tip").text("请选择班级编码!");
    }
    if(rxnf==""){
        $("#rxnf_tip").text("请输入入学年份!");
    }
    if(xm==""){
        $("#xm_tip").text("请输入姓名!");
    }
    if(xh==""){
        $("#xh_tip").text("请输入学号!");
    }
    if(xb==null){
        $("#xb_tip").text("请选择性别!");
    }
    if(sheng=="请选择省" || shi=="请选择市" || xian=="请选择县"){
```

```
        $("#syd_tip").text("请选择完整的生源地!");
    }
    if(xjzt==null){
        $("#xjzt_tip").text("请选择学籍状态!");
    }
    //提交数据
    if(xybm!="" && xbbm!="" && zybm!="" && bjbm!="" && rxnf!="" && xm!="" &&
        xh!="" && xb!=null && sheng!="请选择省" && shi!="请选择市" && xian!=
        "请选择县" && xjzt!=null){
        xh=eval(bjbm+xh);
        //判断学号是否修改
        if(<?=$row['xh']?>==xh){
            xhissame="yes";
        }else{
            xhissame="no";
        }
        $.ajax({
            type:"POST",
            url:"xs_modify_pass.php",
            dataType:"json",
data:{xybm:xybm,xbbm:xbbm,zybm:zybm,bjbm:bjbm,rxnf:rxnf,xm:xm,xh:<?=
    $row['xh']?>,xb:xb,zzmm:zzmm,csrq:csrq,dzyx:dzyx,lxdh:lxdh,sheng:
    sheng,shi:shi,xian:xian,jtzz:jtzz,xjzt:xjzt,xhissame:xhissame,xxh:
    xh},
            success:function(data){
                //alert(data);
                //判断班级编码是否已存在
                if(data.xh=="exist"){
                    $("#xh_bjbm").html('该学号已存在');
                }
                //判断添加是否成功
                if(data.pass=="yes"){
                    alert('修改成功!');
                    window.location.href='xs_list.php';
                }else{
                    alert('修改失败!');
                }
            }
        });
    }
});
//当"学院"下拉列表发生变化时
$("#xybm").change(function(){
    var xybm=$("#xybm option:selected").val();
```

```
        $.ajax({
            type:"POST",
            url:"ajax/ajax_xbbm.php",
            data:{xybm:xybm},
            dataType:"html",
            success: function(data){
                if(data!="no"){
                    $("#xbbm option:not(:first)").remove();
                    $("#xbbm2").attr("value","");
                    $("#xbbm").append(data);
                }else{
                    $("#xbbm option:not(:first)").remove();
                    $("#xbbm2").attr("value","");
                }
            }
        });
    });
    //当"系部"下拉列表发生变化时
    $("#xbbm").change(function(){
        var xbbm=$("#xbbm option:selected").val();
        $.ajax({
            type:"POST",
            url:"ajax/ajax_zybm.php",
            data:{xbbm:xbbm},
            dataType:"html",
            success: function(data){
                if(data!="no"){
                    $("#zybm option:not(:first)").remove();
                    $("#zybm").append(data);
                }else{
                    $("#zybm option:not(:first)").remove();
                    $("#zybm2").attr("value","");
                }
            }
        });
    });
    //当"专业"下拉列表发生变化时
    $("#zybm").change(function(){
        var zybm=$("#zybm option:selected").val();
        $.ajax({
            type:"POST",
            url:"ajax/ajax_bjbm.php",
            data:{zybm:zybm},
            dataType:"html",
```

```
                success: function(data){
                    if(data!="no"){
                        $("#bjbm option:not(:first)").remove();
                        $("#bjbm").append(data);
                    }else{
                        $("#bjbm option:not(:first)").remove();
                        $("#xh").attr("value","");
                    }
                }
            });
        });
        //当"班级"下拉列表发生变化时,自动填充学号的前部
        $("#bjbm").change(function(){
            var bjbm2=$("#bjbm option:selected").val();
            $("#bjbm2").attr("value",bjbm2);
        });
        //初始化生源地
        addressInit('sheng', 'shi', 'xian', '<?=$row['sheng']?>', '<?=$row['shi']?>',
            '<?=$row['xian']?>');
    });
    </script>
    </head>
    <body>
    <table width="98%"  border="1" cellspacing="0" cellpadding="0">
        <tr>
          <td colspan="4" class="tt">修改学生</td>
        </tr>
        <tr>
          <td width="13%" height="30">所属学院<span class="start">*</span></td>
          <td colspan="3">
              <select name="xybm" id="xybm">
                <option value="">--请选择--</option>
                <?php
                $sql_xy="select * from xyxxb";
                $result_xy=mysql_query($sql_xy);
                while($row_xy=mysql_fetch_array($result_xy)){
                ?>
                <option value="<?=$row_xy['xybm']?>" <?php if($row_xy['xybm']==
                    $row['xybm']){echo "selected='selected'";}?>><?=$row_xy['
                    xymc']?></option>
                <?php
                }
                ?>
              </select>
```

```
    <span id="xybm_tip" style="color:red;font-size:12px"></span>
  </td>
</tr>
<tr>
  <td height="30">所属系部<span class="start"> * </span></td>
  <td colspan="3">
    <select name="xbbm" id="xbbm">
      <option value="">--请选择--</option>
      <?php
        $sql_xb="select * from xbxxb";
        $result_xb=mysql_query($sql_xb);
        while($row_xb=mysql_fetch_array($result_xb)){
        ?>
        <option value="<?=$row_xb['xbbm']?>" <?php if($row_xb['xbbm']==
            $row['xbbm']){echo "selected='selected'";}?>><?=$row_xb['
            xbmc']?></option>
        <?php
        }
        ?>
    </select>
    <span id="xbbm_tip" style="color:red;font-size:12px"></span>
  </td>
</tr>
<tr>
  <td height="30">所属专业<span class="start"> * </span></td>
  <td colspan="3">
      <select name="zybm" id="zybm">
      <option value="">--请选择--</option>
      <?php
        $sql_zy="select * from zyxxb";
        $result_zy=mysql_query($sql_zy);
        while($row_zy=mysql_fetch_array($result_zy)){
        ?>
        <option value="<?=$row_zy['zybm']?>" <?php if($row_zy['zybm']==
            $row['zybm']){echo "selected='selected'";}?>><?=$row_zy['
            zymc']?></option>
        <?php
        }
        ?>
    </select>
    <span id="zybm_tip" style="color:red;font-size:12px"></span>
  </td>
</tr>
<tr>
```

```
  <td height="30">所属班级<span class="start"> * </span></td>
  <td colspan="3">
    <select name="bjbm" id="bjbm">
      <option value="">--请选择--</option>
      <?php
        $sql_bj="select * from bjxxb";
        $result_bj=mysql_query($sql_bj);
        while($row_bj=mysql_fetch_array($result_bj)){
        ?>
        <option value="<?=$row_bj['bjbm']?>" <?php if($row_bj['bjbm']==
            $row['bjbm']){echo "selected='selected'";}?>><?=$row_bj['
            bjmc']?></option>
        <?php
        }
        ?>
    </select>
     <span id="bjbm_tip" style="color:red;font-size:12px"></span>
  </td>
</tr>
<tr>
  <td height="28">入学年份<span class="start"> * </span></td>
  <td width="29%">
    <input name="rxnf" type="text" id="rxnf" value="<?=$row['rxnf']?>"
        size="10" />
    <span id="rxnf_tip" style="color:red;font-size:12px"></span>
  </td>
  <td width="15%">姓名<span class="start"> * </span></td>
  <td width="43%">
    <input name="xm" type="text" id="xm" value="<?=$row['xm']?>" size="15" />
    <span id="xm_tip" style="color:red;font-size:12px"></span>
  </td>
</tr>
<tr>
  <td height="28">学号<span class="start"> * </span></td>
  <td>
    <input name="bjbm2" type="text" id="bjbm2" value="<?=$row['bjbm']?>"
        size="10" readonly="readonly" />
    <input name="xh" type="text" id="xh" size="3" value="<?php $num=
        strlen($row['bjbm']);echo substr($row['xh'],$num);?>" />
    <span id="xh_tip" style="color:red;font-size:12px"></span>
  </td>
  <td>性别<span class="start"> * </span></td>
  <td>
    <input name="xb" type="radio" id="xb" value="男" <?php if($row['xb']=
```

```
        ="男"){echo "checked='checked'";}?>/>
        男   
        <input name="xb" type="radio" id="xb" value="女" <?php if($row['xb']=
        ="女"){echo "checked='checked'";}?>/>
        女    <span id="xb_tip" style="color:red;font-size:12px"></
        span></td>
    </tr>
    <tr>
      <td height="28">政治面貌</td>
      <td>
        <input name="zzmm" type="radio" id="zzmm" value="群众" <?php if($row['
        zzmm']=="群众"){echo "checked='checked'";}?>/>
        群众   
        <input name="zzmm" type="radio" id="zzmm" value="团员" <?php if($row['
        zzmm']=="团员"){echo "checked='checked'";}?>/>
        团员   
        <input name="zzmm" type="radio" id="zzmm" value="党员" <?php if($row['
        zzmm']=="党员"){echo "checked='checked'";}?>/>
        党员   </td>
      <td>出生日期</td>
      <td>
          <script src="laydate/laydate.js"></script>
        <input name="csrq" type="text" id="csrq" value="<?=$row['csrq']?>"
            class="laydate-icon" onclick="laydate()" />
      </td>
    </tr>
    <tr>
      <td height="28">电子邮箱</td>
      <td>
        <input name="dzyx" type="text" id="dzyx" value="<?=$row['dzyx']?>" />
      </td>
      <td>家庭联系电话</td>
      <td>
        <input name="lxdh" type="text" id="lxdh" value="<?=$row['lxdh']?>" />
      </td>
    </tr>
    <tr>
      <td height="28">生源地<span class="start">*</span></td>
      <td colspan="3">
        <select id="sheng"></select>
        <select id="shi"></select>
        <select id="xian"></select>
        <span id="syd_tip" style="color:red;font-size:12px"></span>
      </td>
```

```
    </tr>
    <tr>
      <td height="28">家庭住址</td>
      <td colspan="3">
        <input name="jtzz" type="text" id="jtzz" value="<?=$row['jtzz']?>"
            size="70" />
      </td>
    </tr>
    <tr>
      <td height="28">学籍状态<span class="start">*</span></td>
      <td colspan="3">
        <input type="radio" name="xjzt" id="xjzt" value="注册学籍" <?php if
        ($row['xjzt']=="注册学籍"){echo "checked='checked'";}?>/>
        注册学籍   
        <input type="radio" name="xjzt" id="xjzt" value="保留学籍" <?php if
        ($row['xjzt']=="保留学籍"){echo "checked='checked'";}?>/>
        保留学籍   
        <input type="radio" name="xjzt" id="xjzt" value="休学" <?php if($row['
        xjzt']=="休学"){echo "checked='checked'";}?>/>
        休学   
        <input type="radio" name="xjzt" id="xjzt" value="已离校" <?php if
        ($row['xjzt']=="已离校"){echo "checked='checked'";}?>/>
        已离校    <span id="xjzt_tip" style="color:red;font-size:
        12px"></span></td>
    </tr>
    <tr>
      <td height="40" colspan="4"><input type="button" name="btn1" id="btn1"
          value="提交" /></td>
    </tr>
</table>
</body>
</html>
<?php
mysql_close($conn);
?>
```

12.2.4 删除学生

说明：“删除学生”页面文件名为 xs_delete.php。

该页面文件的代码如下：

```
<?php
require_once('session.php');                          //引入 session.php 文件
```

```
require_once('conn.php');                              //引入数据库连接文件 conn.php
header("Content-Type:text/html;charset=utf-8"); //指定页面的编码为 utf-8
$bjbm=$_POST['bjbm'];
$sql="delete from xsxxb where xh='".$xh."'";
if(mysql_query($sql)){
    echo "ok";
}
mysql_close($conn);
?>
```

12.3 经验传递

(1) 在项目的开发中,通常需要获取文本域的值,获取单选按钮、复选框、下拉列表选中的项的值,应重点掌握使用 jQuery 的实现方法。

(2) 如在项目中需用到省、市、县三级联动,无须专业开发该管理模块,因为省、市、县数据相对固定,只需从互联网下载相应插件,并学会应用即可。

(3) 真正理解并掌握将数据导出 Excel 报表的方法,有利于日后项目开发。

(4) 实现多条件检索的关键在于 MySQL 条件的串接。

12.4 知识拓展

implode()函数和 explode()函数说明如下。

提示:该部分内容请扫描二维码查看。

项目任务 13　开发学生信息统计模块

知识目标

(1) 掌握 highcharts 折线图的知识及应用。

(2) 掌握 highcharts 饼图的知识及应用。

(3) 掌握 MySQL 中的 count( )函数及查询分组知识。

(4) 掌握 json 基础知识。

能力目标

(1) 能够根据需求使用 highcharts 插件实现折线图、饼图等直观显示数据情况。

(2) 培养学生的知识迁移能力。

(3) 养成良好的代码编写习惯。

(4) 培养严谨的思维能力。

任务描述

本项目任务是使用 highcharts 插件实现学校招生走势图、二级学院招生情况统计图、生源分布情况统计图。

13.1 知 识 准 备

13.1.1 MySQL 中的 count()函数

count()函数是用来统计表中的记录。下面介绍该函数的用法。

(1) count(*)：返回所检索的表的记录数(含 NULL 值的行)。

(2) count(column_name)：返回指定列的值的数目(不含 NULL 值的行)。

(3) count(distinct column_name)：返回指定列的不同值的记录数目。

例如，某学生信息表(stu_course_result)如表 13-1 所示。

表 13-1　学生信息表(stu_course_result)

stu_number	course_id	course_name	result
20160101024	101	计算机应用基础	78
20160101024	102	C 语言	80
20160101039	101	计算机应用基础	93
20160101009	102	大学语文	null

查询语句及结果如下。

```
select count(*) from stu_course_result
```

该语句输出的结果为 4。

```
select count(result) from stu_course_result
```

该语句输出的结果为 3。

```
select count(distinct course_id) from stu_course_result
```

该语句输出的结果为 2。

13.1.2　MySQL 对数据表进行分组查询(GROUP BY)

GROUP BY 关键字可以将查询结果按照某个字段或多个字段进行分组,字段中值相等的为一组。

语法格式:

```
GROUP BY 属性名 [HAVING 条件表达式] [WITH ROLLUP]
```

参数说明如下。

- 属性名:指按照该字段的值进行分组。
- HAVING 条件表达式:用来限制分组后的显示,符合条件表达式的结果将被显示。
- WITH ROLLUP:将会在所有记录的最后加上一条记录,该记录是上面所有记录的总和。

使用说明如下。

- GROUP BY 关键字可以和 GROUP_CONCAT()函数一起使用。GROUP_CONCAT()函数会把每个分组中指定的字段值都显示出来。
- GROUP BY 关键字通常与集合函数一起使用。集合函数包括 COUNT()函数、SUM()函数、AVG()函数、MAX()函数和 MIN()函数等。
- 如果 GROUP BY 不与上述函数一起使用,那么查询结果就是字段取值的分组情况,字段中取值相同的记录为一组,但是只显示该组的第一条记录。

13.2 任务实施

13.2.1 开发学校招生走势图

说明：学校招生走势图页面文件名为 tj_xx.php。

该页面文件的代码如下：

```
<?php
require_once('session.php');
require_once ('conn.php');
?>
<!DOCTYPE html PUBLIC "-//W3C//DTD XHTML 1.0 Transitional//EN" "http://www.w3.
org/TR/xhtml1/DTD/xhtml1-transitional.dtd">
<html xmlns="http://www.w3.org/1999/xhtml">
<head>
<meta http-equiv="Content-Type" content="text/html; charset=utf-8" />
<script type="text/javascript" src="js/jquery-1.12.1.min.js"></script>
<script type="text/javascript" src="js/highcharts.js"></script>
<script type="text/javascript" src="js/exporting.js"></script>
<title>学校历年学生总数</title>
</head>
<body>
<?php
$sql="select rxnf,count(*) as num from xsxxb group by rxnf";
$result=mysql_query($sql);
while($row=mysql_fetch_array($result)){
    $data[] =$row['num'];
    $rxnfString=$rxnfString."'".$row['rxnf']."年',";
}
$dataString =join($data, ',');
?>
<div id="container" style="width: 550px; height: 400px; margin: 0 auto"></div>
<script language="JavaScript">
$(document).ready(function() {
   //图表标题
  var title ={
      text: '学校招生人数统计'
  };
  //图表副标题
  var subtitle ={
       text: ''
```

```
};
//X轴
var xAxis ={
    categories: [<?=rtrim($rxnfString,",")?>],
    title:{
        text:'招生年份'                                  //X轴标题
    }
};
//y轴
var yAxis ={
   title: {
      text: '学生人数'                                   //Y轴标题
   },
   plotLines: [{
      value: 0,
      width: 1,
      color: '#808080'
   }],
   //tickPositions: [0, 20, 50, 100]                     //指定竖轴坐标点的值
};
//配置提示信息
var tooltip ={
    shared: false,                                        //是否共享提示
          useHTML: true,                                  //是否使用HTML编辑提示信息
          headerFormat: '<table>',
          pointFormat: '<tr><td style="text-align: right"><b>{point.y}</b>
              </td></tr>',
          footerFormat: '</table>'
};
//配置图例展示方式
var legend ={
    layout: 'vertical',
    align: 'left',
    verticalAlign: 'top',
    borderWidth: 1
};
  //数据
var series =   [
    {
       name: '数据',
       data: [<?=$dataString?>]
    }
];
//创建json数据
```

```
    var json = {};
    json.title = title;
    json.subtitle = subtitle;
    json.xAxis = xAxis;
    json.yAxis = yAxis;
    json.tooltip = tooltip;
    json.legend = legend;
    json.series = series;
    //隐藏版权信息
    json.credits={
        enabled:false
    };
    //隐藏右上角的"打印"及"导出"按钮
    json.exporting={
        enabled:false
    }
    //不显示图例
    legend.enabled = false;
    $('#container').highcharts(json);
});
</script>
</body>
</html>
<?php
mysql_close($conn);
?>
```

该页面效果如图 13-1 所示。

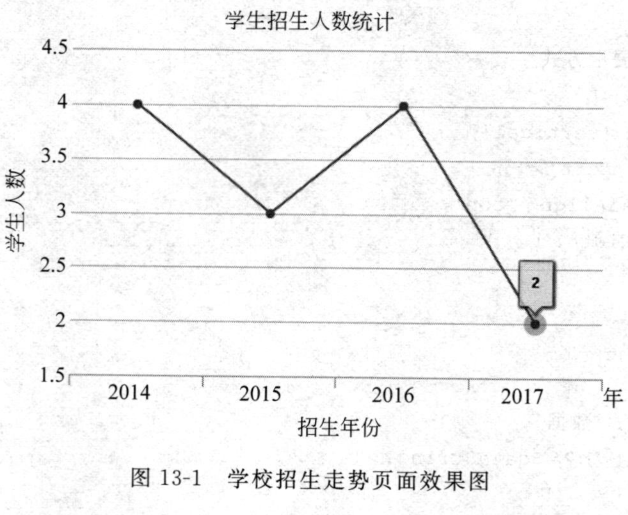

图 13-1　学校招生走势页面效果图

13.2.2　开发二级学院招生情况功能

说明：学校招生走势图页面文件名为 tj_xy.php。

该页面文件的代码如下：

```
<?php
require_once('session.php');
require_once ('conn.php');
?>
<!DOCTYPE html PUBLIC "-//W3C//DTD XHTML 1.0 Transitional//EN" "http://www.w3.
org/TR/xhtml1/DTD/xhtml1-transitional.dtd">
<html xmlns="http://www.w3.org/1999/xhtml">
<head>
<meta http-equiv="Content-Type" content="text/html; charset=utf-8" />
<script type="text/javascript" src="js/jquery-1.12.1.min.js"></script>
<script type="text/javascript" src="js/highcharts.js"></script>
<script type="text/javascript" src="js/exporting.js"></script>
<title>学校历年学生总数</title>
<script type="text/javascript">
$(document).ready(function(){
  $("#rxnf").change(function(){
    var rxnf=$("#rxnf option:selected").val();
    window.location.href='?rxnf='+rxnf;
  });
});
</script>
</head>
<body>
<?php
$sql="select xsxxb.xybm,xyxxb.xymc,count(xsxxb.xybm) as num from xsxxb,xyxxb
    where xsxxb.xybm=xyxxb.xybm group by xsxxb.xybm";
if($_GET['rxnf']!=""){
  $sql="select xsxxb.xybm,xyxxb.xymc,count(xsxxb.xybm) as num from xsxxb,
      xyxxb where xsxxb.xybm=xyxxb.xybm and rxnf='".$_GET['rxnf']."' group by
      xsxxb.xybm";
}
$result=mysql_query($sql);
while($row=mysql_fetch_assoc($result)){
   $data=$data."['".$row['xymc']."',".$row['num']."],";
}
$data=rtrim($data,",");
?>
<div id="container" style="width: 500px; height: 350px; margin: 0 auto"></div>
```

```
<div style="text-align:center;"><select id="rxnf">
  <option>--按年份统计--</option>
  <?php
    $sql="select distinct(rxnf) from xsxxb";
    $result=mysql_query($sql);
    while($row=mysql_fetch_array($result)){
  ?>
  <option value="<?php echo $row['rxnf'];?>" <?php if($row['rxnf']==$_GET
      ['rxnf']){echo "selected='selected'";}?>><?=$row['rxnf']?>年</option
  >
  <?php
    }
  ?>
</select></div>
<script language="JavaScript">
$(document).ready(function() {
    var chart ={
      plotBackgroundColor: null,
      plotBorderWidth: null,
      plotShadow: false
  };
  var title ={
     text: '<?php
     echo $rxnf=($_GET['rxnf']!="")?$_GET['rxnf']."年":"";
     ?>各学院人数统计'
  };
  var tooltip ={
     pointFormat: '{series.name}: <b>{point.percentage:.1f}%</b>'
  };
  var plotOptions ={
     pie: {
        allowPointSelect: true,
        cursor: 'pointer',
        dataLabels: {
           enabled: true,
           formatter: function() {
              return  this.point.name +this.y +'人';
           }
        }
     }
  };
  var series=[{
     type: 'pie',
     name: '学生数',
```

```
        data: [
          <?=$data?>
        ]
      }];
      var json ={};
      json.chart =chart;
      json.title =title;
      json.tooltip =tooltip;
      json.series =series;
      json.plotOptions =plotOptions;
       //隐藏版权信息
      json.credits={
          enabled:false
       };
       //隐藏右上角的"打印"及"导出"按钮
       json.exporting={
          enabled:false
       }
      $('#container').highcharts(json);
  });
  </script>
  </body>
  </html>
  <?php
  mysql_close($conn);
  ?>
```

该页面效果如图 13-2 所示。

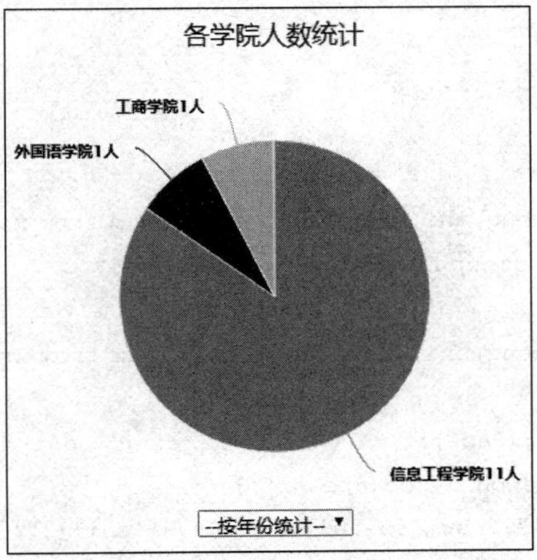

图 13-2　二级学院人数统计页面

13.2.3 开发生源分布情况功能

说明：学校招生走势图页面文件名为 tj_syd.php。

该页面文件的代码如下：

```
<?php
require_once('session.php');
require_once ('conn.php');
?>
<!DOCTYPE html PUBLIC "-//W3C//DTD XHTML 1.0 Transitional//EN" "http://www.w3.
org/TR/xhtml1/DTD/xhtml1-transitional.dtd">
<html xmlns="http://www.w3.org/1999/xhtml">
<head>
<meta http-equiv="Content-Type" content="text/html; charset=utf-8" />
<script type="text/javascript" src="js/jquery-1.12.1.min.js"></script>
<script type="text/javascript" src="js/highcharts.js"></script>
<script type="text/javascript" src="js/exporting.js"></script>
<title>学校历年学生总数</title>
<script type="text/javascript">
$(document).ready(function(){
  $("#rxnf").change(function(){
    var rxnf=$("#rxnf option:selected").val();
    window.location.href='?rxnf='+rxnf;
  });
});
</script>
</head>
<body>
<?php
if($_GET['rxnf']!=""){
    $sql="select sheng,shi,count(shi) as shinum from xsxxb where rxnf='".$_GET
        ['rxnf']."' group by shi";
}else{
    $sql="select sheng,shi,count(shi) as shinum from xsxxb group by shi";
}
$result=mysql_query($sql);
while($row=mysql_fetch_assoc($result)){
    $data=$data."['".$row['sheng']."-".$row['shi']."',".$row['shinum']."],";
}
$data=rtrim($data,",");
?>
```

```
<div id="container" style="width: 500px; height: 350px; margin: 0 auto"></div>
<div style="text-align:center;"><select id="rxnf">
  <option>--按年份统计--</option>
  <?php
    $sql="select distinct(rxnf) from xsxxb";
    $result=mysql_query($sql);
    while($row=mysql_fetch_array($result)){
  ?>
  <option><?=$row['rxnf']?></option>
  <?php
    }
  ?>
</select></div>
<script language="JavaScript">
$(document).ready(function() {
    var chart ={
       plotBackgroundColor: null,
       plotBorderWidth: null,
       plotShadow: false
    };
    var title ={
       text: '<?php
       echo $rxnf=($_GET['rxnf']!="")?$_GET['rxnf']."年":"";
       ?>各学院人数统计'
    };
    var tooltip ={
       pointFormat: '{series.name}: <b>{point.percentage:.1f}%</b>'
    };
    var plotOptions ={
       pie: {
          allowPointSelect: true,
          cursor: 'pointer',
          dataLabels: {
             enabled: true,
             formatter: function() {
                return  this.point.name +this.y +'人';
             }
          }
       }
    };
    var series=[{
       type: 'pie',
       name: '学生数',
```

```
        data: [
          <?=$data?>
        ]
    }];
    var json = {};
    json.chart = chart;
    json.title = title;
    json.tooltip = tooltip;
    json.series = series;
    json.plotOptions = plotOptions;
      //隐藏版权信息
    json.credits={
        enabled:false
      };
      //隐藏右上角的"打印"及"导出"按钮
      json.exporting={
        enabled:false
      }
    $('#container').highcharts(json);
});
</script>
</body>
</html>
<?php
mysql_close($conn);
?>
```

该页面效果如图 13-3 所示。

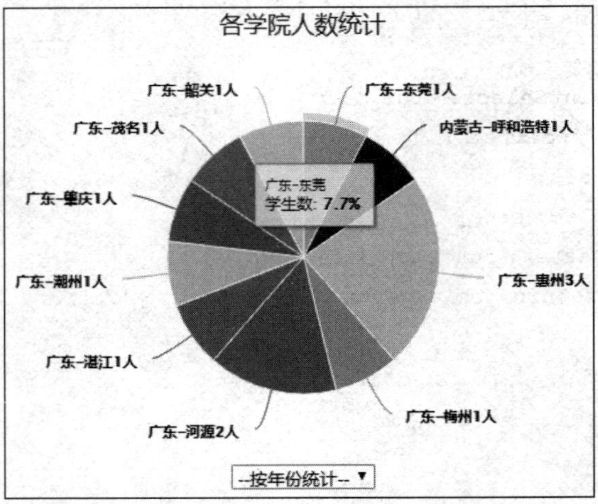

图 13-3　生源分布情况页面

13.3 经验传递

- Highcharts 是一个用纯 JavaScript 编写的一个图表库，它使用 json 格式配置，建议读者学习 json 知识。
- Echarts 也是一个纯 Javascript 的图表库，可以流畅地运行在 PC 和移动设备上，应用也非常广泛，建议感兴趣的读者找相关资源学习。

13.4 知识拓展

Highcharts 教程：http：//www. runoob. com/highcharts/highcharts-tutorial. html
ECharts 官方网站：http：//echarts. baidu. com/index. html

项目任务 14　开发退出系统模块

知识目标

（1）理解退出系统的原理。

（2）掌握 session_unset()函数的应用。

（3）掌握 session_destroy()函数的应用。

（4）了解 cookie 和 BOM 头知识。

能力目标

（1）能够开发出退出系统模块。

（2）培养知识的迁移能力，能够开发其他系统的退出模块。

（3）培养严谨的工作态度和良好的安全意识。

任务描述

本项目任务是开发退出系统模块。

14.1　知识准备

14.1.1　退出系统原理

管理员在登录系统时，由登录验证模块对其输入的账号和密码进行验证。如果通过验证，将产生“凭证”（即会话信息）并存储在 session 中，并以此作为访问系统页面的“凭证”。因此，退出系统的实质是删除管理员登录时产生的 session“凭证”，其退出流程如图 14-1 所示。

14.1.2　session_unset()函数

session_unset()函数用于释放当前在内存中已经创建的所有 $_SESSION 变量，但不删除 session 文件以及不释放对应的 sessionid。

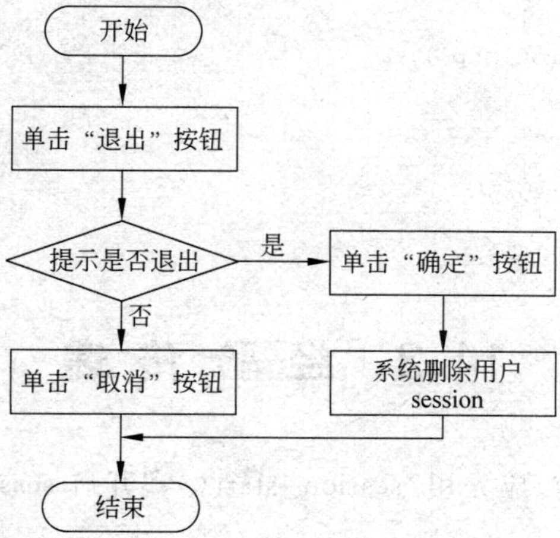

图 14-1　退出系统流程图

14.1.3　session_destroy()函数

session_destroy()函数用于删除当前用户对应的session文件以及释放session id，内存中的$_SESSION变量的内容依然保留，因此，释放用户的session所有资源，需要顺序执行如下代码：

```
<?php
$_SESSION['sessionname'] ="";
session_unset();
session_destroy();
?>
```

14.2　任务实施

本任务的实现思路如图14-2所示。

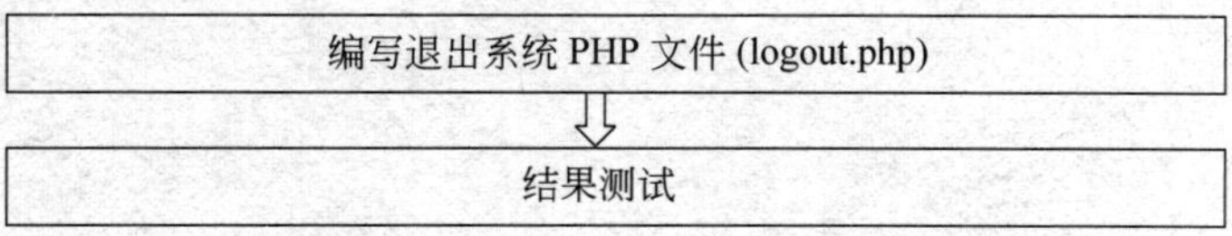

图 14-2　本任务的设计思路

说明：退出系统的文件名为logout.php。

退出系统模块的作用是彻底清除管理员登录系统时所产生的会话信息，并结合退出系统所调用的JavaScript文件(即“js/logout.js”文件)实现退出系统的功能。logout.php文件的代码如下：

```
<?php
require_once('session.php');
session_unset();
session_destroy();
echo "ok";
?>
```

14.3 经验传递

- 在使用 session 前，应先用“session_start();”开启 session，且前面不能有任何输出。
- 在输出 session 值时，应使用大写，例如：“$_SESSION['admin'];”。
- 在使用 session 时，注意 BOM 头。

14.4 知识拓展

下面是关于 Cookie 的知识。

提示：该部分内容请扫描二维码查看。

项目任务 15　系统测试

知识目标

(1) 了解软件测试的定义。

(2) 了解软件测试的方法。

(3) 熟悉软件测试的过程。

(4) 了解测试报告的写法。

(5) 掌握测试用例的设计。

能力目标

(1) 能够根据项目的实际设计测试用例。

(2) 能够使用软件测试相关知识对软件系统进行测试。

(3) 培养严谨的思维能力和敬业的工作态度。

任务描述

本项目任务主要是使用软件测试相关知识对学生基本信息管理系统进行测试。

15.1　知识准备

15.1.1　软件测试的定义

软件测试(Software Testing)是描述一种用来促进鉴定软件的正确性、完整性、安全性和质量的过程。换句话说,软件测试是一种实际输出与预期输出间的审核或者比较过程。软件测试的经典定义是:在规定的条件下对程序进行操作,以发现程序错误,衡量软件质量,并对其是否能满足设计要求进行评估的过程。

15.1.2　软件测试的方法

软件测试从不同的角度来划分,可以得到不同的测试方法。

1. 按是否查看程序内部结构划分

(1) 黑盒测试,只关心输入和输出的结果。

(2) 白盒测试,去研究里面的源代码和程序结构。

2. 按是否运行程序划分

(1) 静态测试。这是指不实际运行被测软件,而只是静态地检查程序代码、界面或文档可能存在的错误的过程。静态测试包括:

① 对于代码测试,主要是测试代码是否符合相应的标准和规范。

② 对于界面测试,主要测试软件的实际界面与需求中的说明是否相符。

③ 对于文档测试,主要测试用户手册和需求说明是否真正符合用户的实际需求。

(2) 动态测试。这是指实际运行被测程序,输入相应的测试数据,检查输出结果和预期结果是否相符的过程。

3. 按阶段划分

(1) 单元测试。这是指对软件中的最小可测试单元进行检查和验证,包括桩模块和驱动模块。桩模块是指模拟被测模块所调用的模块;驱动模块是指模拟被测模块的上级模块。驱动模块用来接收测试数据,启动被测模块并输出结果。

(2) 集成测试。这是单元测试的下一阶段,是指将通过测试的单元模块组装成系统或子系统,再进行测试,重点测试不同模块的接口部门。集成测试就是用来检查各个单元模块结合到一起能否协同配合并正常运行。

(3) 系统测试。这是指将整个软件系统看作一个整体进行测试,包括对功能、性能以及软件所运行的软硬件环境进行测试。系统测试的主要依据是《系统需求规格说明书》文档。

(4) 验收测试。这是指在系统测试的后期,以用户测试为主,或有测试人员等质量保障人员共同参与的测试,它也是软件正式交给用户使用的最后一道工序。验收测试又分为 alpha 测试和 beta 测试,其中 alpha 测试指的是由用户、测试人员、开发人员等共同参与的内部测试;而 beta 测试指的是内测后的公测,即完全交给最终用户测试。

4. 黑盒测试分为功能测试和性能测试

(1) 功能测试。这是黑盒测试的一方面,它检查实际软件的功能是否符合用户的需求。包括逻辑功能测试、界面测试、易用性测试、兼容性测试。

(2) 性能测试。它包括时间性能和空间性能两种。时间性能主要指软件的一个具体事务的响应时间;空间性能主要指软件运行时所消耗的系统资源。软件性能测试分为:

① 一般性能测试。这是指让被测系统在正常的软硬件环境下运行,不向其施加任何压力的性能测试。

② 稳定性测试。它也叫可靠性测试,是指连续运行被测系统并检查系统运行时的稳定程度。

③ 负载测试。这是指让被测系统在其能忍受的压力极限范围内连续运行,来测试系统的稳定性。

④ 压力测试。这是指持续不断地给被测系统增加压力,直到将被测系统压垮为止,

用来测试系统所能承受的最大压力。

5. 其他测试类型

(1) 回归测试。这是指对软件的新版本测试时，重复执行上一个版本测试时的用例。

(2) 冒烟测试。这是指在对一个新版本进行大规模的测试之前，先验证一下软件的基本功能是否实现，是否具备可测性。

(3) 随机测试。这是指测试中所有的输入数据都是随机生成的，其目的是模拟用户的真实操作，并发现一些边缘性的错误。

15.1.3　软件测试的过程

软件测试流程是一个不断提高的过程，每个软件开发企业的实际流程都是不一样的，根据实际情况还可以实施一些测试计划评审、用例评审、测试培训等，因此，在实际测试过程中也要做到具体问题具体分析。图 15-1 为软件测试的基本过程。

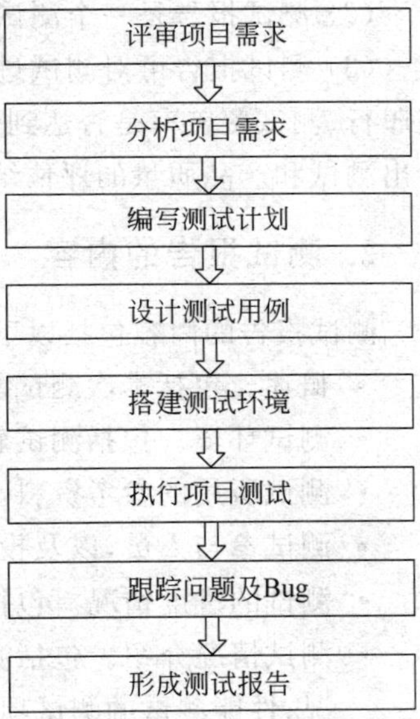

图 15-1　软件测试的基本过程

- 评审项目需求：由项目经理、开发人员、测试人员、需求人员共同对软件需求文档进行评审。评审内容主要包括："需求规格说明书"的内容是否完善；是否有描述不清楚或者有冲突的内容；需求是否可以支持系统目标的实现；是否有无法实现的功能等。
- 分析项目需求：开发人员根据需求文档完成需求分析文档，测试人员参与评审，评审的内容主要是看是否有遗漏或双方理解不一致，测试人员须深入了解需求。该过程主要是确定系统必须完成哪些工作，对目标系统提出完整、准确、清晰具体的要求。
- 编写测试计划：根据项目实际，形成测试计划，一般由测试经理编写。
- 设计测试用例：根据测试计划、需求分析文档等相关资源设计测试用例。
- 搭建测试环境：由测试人员搭建测试环境。
- 执行项目测试：开发人员提交第一个版本，测试人员根据测试用例的详细步骤执行测试用例，记录并提交存在的问题及 Bug。
- 跟踪问题及 Bug：开发人员提交第二个版本，测试人员根据前一阶段存在的问题及 Bug 进行第二轮测试和回归测试，跟踪问题及 Bug 直到关闭系统。
- 形成测试报告：通过不断测试，进行 Bug 跟踪，直到用例全部测试完毕，覆盖率、缺陷率以及其他各项指标均达到质量标准，即达到上线要求。（如果有客户反馈问题，需要测试人员协助重现和回归测试。）

15.1.4 测试报告

测试报告是测试过程中最后一个环节，也是十分重要的一个环节，首先它是测试人员在测试过程中用于反映测试状况的文档。测试报告能够总结测试阶段发现的问题。其次测试报告形成一份可以参考的材料和依据，是对于整个测试过程或设计方法的一些建议，也就是需要改进的地方。最重要的是测试报告的编写完成也是测试结束的一个标志。

1. 什么是测试报告

编者认为，测试报告包括以下方面。

(1) 测试报告是产品部与技术部进行沟通的主要手段。

(2) 测试报告是一个测试活动的总结，是项目是否结项的重要参考和依据。

(3) 测试报告可对测试过程和测试结果进行分析和评估，确认测试计划是否得到完整履行、测试覆盖率是否达到预定要求以及对产品质量是否有足够信心，并最终在报告中给出测试和产品质量的评估结论。

2. 测试报告的内容

测试报告的内容包括以下方面。

- 概述。包括本次测试的目的、测试的背景介绍。
- 测试环境。包括测试软硬件环境及配置，以及测试环境的网络拓扑图。
- 测试所用的参考资料。
- 测试参与人员，以及投入的时间情况说明。
- 测试的进度情况。包括计划进度和实际进度。
- 测试情况介绍。包括测试的内容项说明，如功能测试具体的测试项，测试通过情况；性能测试的测试项，测试通过情况等。
- 缺陷的统计和分析。包括迭代次数、缺陷的分布情况、缺陷的覆盖情况、缺陷的发展趋势等。
- 本次测试的结论。
- 测试人员就本次测试的一些建议。

3. 测试报告范例参考目录

第 1 章　引言

1.1　目的

1.2　名词解释

1.3　参考及引用的资料

第 2 章　测试概述

2.1　测试对象

2.2　项目背景
2.3　测试目的
2.4　测试时间
2.5　测试人员
2.6　系统结构
第 3 章　测试方法
3.1　测试用例设计
3.2　测试环境
3.3　测试工具
3.4　测试方法
第 4 章　测试结果及缺陷分析
4.1　覆盖分析
　　4.1.1　需求覆盖分析
　　4.1.2　测试覆盖分析
4.2　缺陷统计与分析
　　4.2.1　缺陷统计
　　　　4.2.1.1　所有 BUG 列表
　　　　4.2.1.2　重点解决 BUG 列表
　　　　4.2.1.3　遗留 BUG 列表
　　4.2.2　缺陷分析
　　　　4.2.2.1　缺陷综合分析
　　　　4.2.2.2　测试曲线图
4.3　性能数据与分析
　　4.3.1　性能数据
　　4.3.2　测试结论
4.4　软件尺度
第 5 章　测试总结和建议
5.1　软件质量
5.2　软件风险
5.3　测试结论
5.4　测试建议

15.2　任务实施

1. 评审与分析需求

根据软件测试的基本过程，首先对项目需求进行评审和分析，因此，本环节需对学生基本信息管理系统的需求进行重新评审与分析。

2. 编写测试计划

软件项目的测试计划是描述测试目的、范围、方法和软件测试重点等的文档，它有利于明确工作内容、工作方法、所需的资源，并把这些信息发布给所涉及测试工作的人员，尽快将下一步测试工作需要考虑的问题和准备的条件得以落实(由于测试计划篇幅较大，本书不提供测试计划，请读者根据项目实际自行编写)。

3. 设计测试用例

本项目的测试采用黑盒测试。因测试用例较多，本书仅以登录验证模块作为设计测试用例，见表 15-1。

表 15-1　将登录验证模块作为设计测试用例

<table>
<tr><td>项目/软件</td><td colspan="2">学生基本信息管理系统</td><td colspan="2">版本</td><td>1.0</td></tr>
<tr><td>功能模块</td><td colspan="2">登录验证模块</td><td colspan="2">编制人</td><td>林龙健</td></tr>
<tr><td>用例编号</td><td colspan="2">Stusys-login-01</td><td colspan="2">编制时间</td><td>2018 年 8 月 25 日</td></tr>
<tr><td>相关用例</td><td colspan="5">无</td></tr>
<tr><td>功能特性</td><td colspan="5">用户的登录验证</td></tr>
<tr><td>测试目的</td><td colspan="5">验证输入信息的合法性，允许合法登录，阻止非法登录</td></tr>
<tr><td>预置条件</td><td colspan="2">进入系统登录页面</td><td colspan="2">特殊规程说明</td><td>无</td></tr>
<tr><td>参考信息</td><td colspan="5">系统概要设计说明和详细设计说明</td></tr>
<tr><td>测试数据</td><td colspan="5">系统已存在管理系管理员信息。账号：admin;密码：admin。
错误的管理员信息。账号：abc;密码：123</td></tr>
<tr><td>操作步骤</td><td>操作描述</td><td>输入数据</td><td>期望结果</td><td>实际结果</td><td>测试状态</td></tr>
<tr><td>1</td><td>单击“登录”按钮</td><td>无</td><td>弹出提示信息“请输入账号!”，确认后设置“账号”文本域为焦点</td><td></td><td></td></tr>
<tr><td>2</td><td>输入账号并单击“登录”按钮</td><td>账号：admin</td><td>弹出提示信息“请输入密码!”，确认后设置“密码”文本域为焦点</td><td></td><td></td></tr>
<tr><td>3</td><td>输入密码并单击“登录”按钮</td><td>账号：admin</td><td>弹出提示信息“请输入账号!”，确认后设置“账号”文本域为焦点</td><td></td><td></td></tr>
<tr><td>4</td><td>输入账号和密码并单击“登录”按钮</td><td>账号：admin;
密码：admin</td><td>弹出提示信息“登录成功!”，并跳转到系统主界面</td><td></td><td></td></tr>
<tr><td>5</td><td>输入账号和密码并单击“登录”按钮</td><td>账号：abc;
密码：123</td><td>弹出提示信息“你输入的账号或密码不正确!”，并跳转到登录页面</td><td></td><td></td></tr>
</table>

4. 撰写测试报告

由于测试报告篇幅较大，本书不提供测试报告，请读者根据测试报告规范自行撰写。

15.3 经验传递

测试人员要具备一定的编程基础，要熟悉测试相关知识，具有较好的分析能力、缺陷洞察能力和逻辑思考能力，还要掌握撰写相关测试文档的方法。

15.4 知识拓展

零基础学习软件测试：http：//study. 163. com/course/introduction/1003679003. htm

参考文献

[1] 林龙健，李观金. 项目驱动式 PHP 动态网站开发实训教程[M]. 北京：清华大学出版社，2017.

[2] 唐俊. PHP＋MySQL 网站开发技术项目式教程[M]. 北京：人民邮电出版社，2015.

[3] 未来科技. jQuery 实战从入门到精通[M]. 北京：中国水利水电出版社，2017.

[4] 李锡辉，王樱. MySQL 数据库技术与项目应用教程[M]. 北京：人民邮电出版社，2018.

[5] 汤姆・马尔斯. JSON 实战[M]. 邵钏，译. 北京：人民邮电出版社，2018.

附　　录

1. 系统文件目录和项目知识导图

系统文件目录和项目知识导图参考图 A-1 和图 A-2。

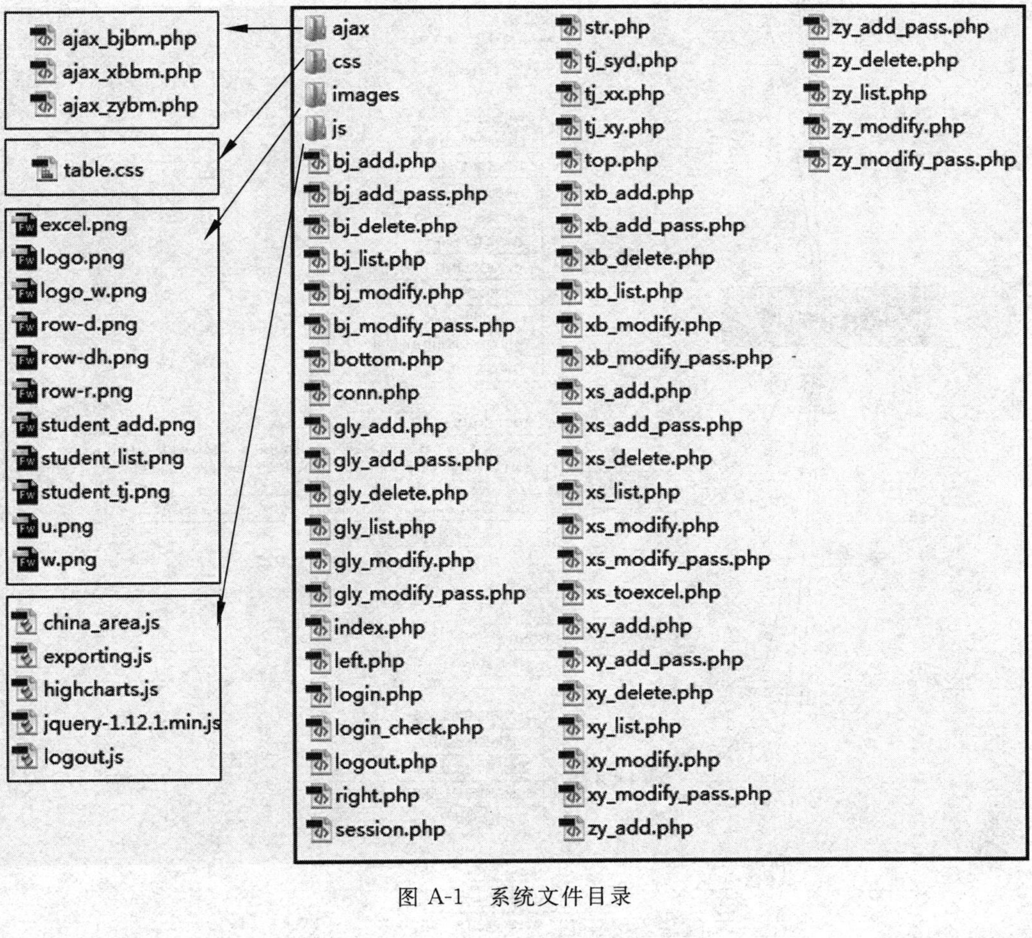

图 A-1　系统文件目录

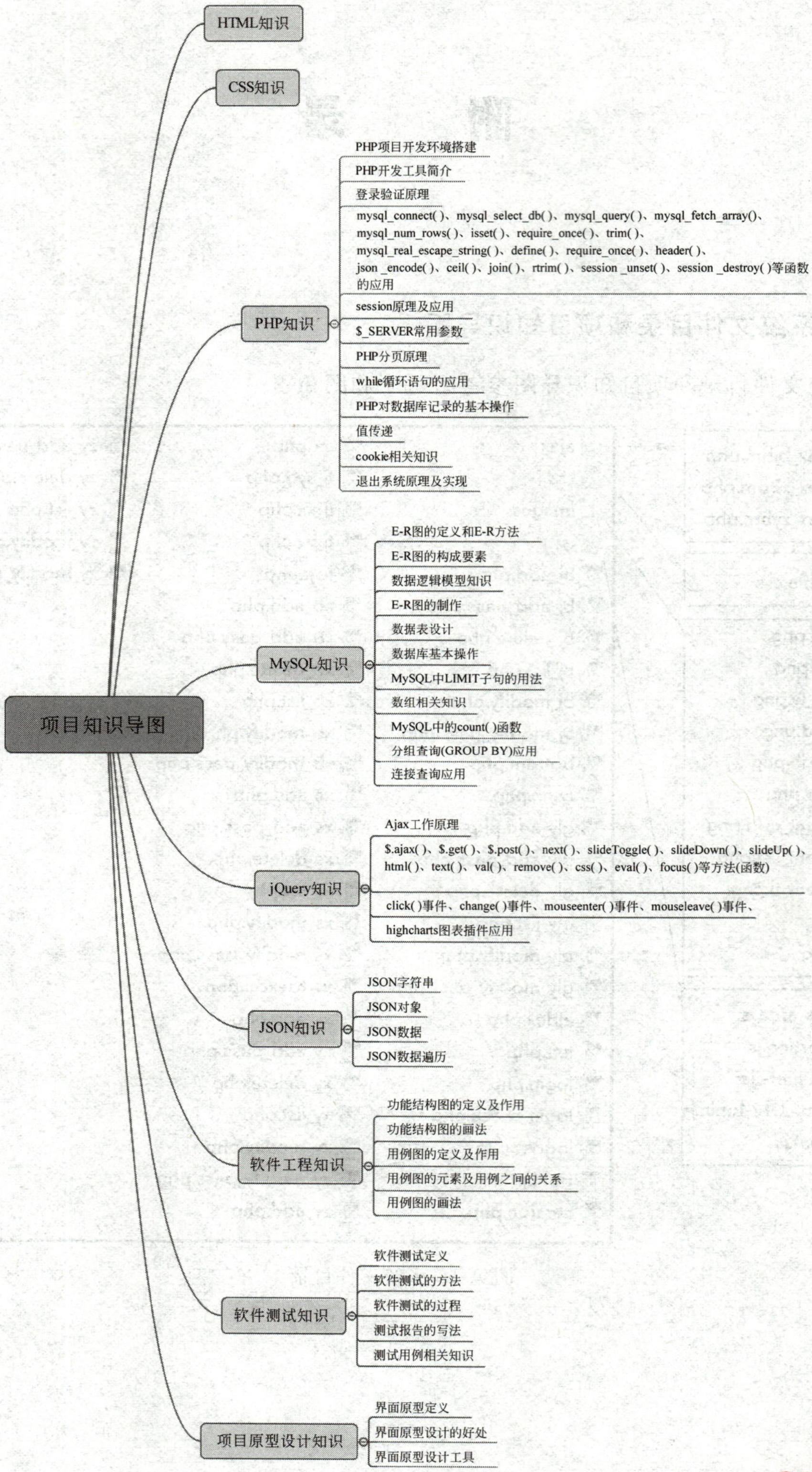
项目知识导图
HTML知识
CSS知识
PHP知识
PHP项目开发环境搭建
PHP开发工具简介
登录验证原理
mysql_connect( )、mysql_select_db( )、mysql_query( )、mysql_fetch_array()、mysql_num_rows( )、isset( )、require_once( )、trim( )、mysql_real_escape_string( )、define( )、require_once( )、header( )、json _encode( )、ceil( )、join( )、rtrim( )、session _unset( )、session _destroy( )等函数的应用
session原理及应用
$_SERVER常用参数
PHP分页原理
while循环语句的应用
PHP对数据库记录的基本操作
值传递
cookie相关知识
退出系统原理及实现
MySQL知识
E-R图的定义和E-R方法
E-R图的构成要素
数据逻辑模型知识
E-R图的制作
数据表设计
数据库基本操作
MySQL中LIMIT子句的用法
数组相关知识
MySQL中的count( )函数
分组查询(GROUP BY)应用
连接查询应用
jQuery知识
Ajax工作原理
$.ajax( )、$.get( )、$.post( )、next( )、slideToggle( )、slideDown( )、slideUp( )、html( )、text( )、val( )、remove( )、css( )、eval( )、focus( )等方法(函数)
click( )事件、change( )事件、mouseenter( )事件、mouseleave( )事件、
highcharts图表插件应用
JSON知识
JSON字符串
JSON对象
JSON数据
JSON数据遍历
软件工程知识
功能结构图的定义及作用
功能结构图的画法
用例图的定义及作用
用例图的元素及用例之间的关系
用例图的画法
软件测试知识
软件测试定义
软件测试的方法
软件测试的过程
测试报告的写法
测试用例相关知识
项目原型设计知识
界面原型定义
界面原型设计的好处
界面原型设计工具

图 A-2　项目知识导图